JN439468

010

아버지의 새벽

이상근 산문집

도서출판 경남

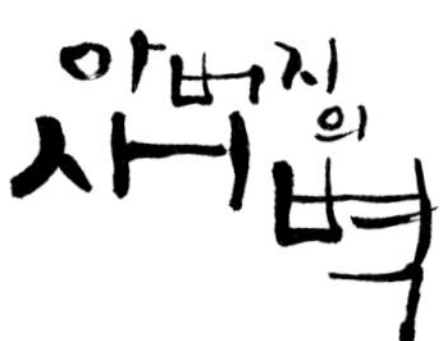
아버지의 새벽

| 서문

부모님 은덕으로

현재 내 나이는 만으로 60이다. 한평생, 회갑년이다. 사람의 평균 수명이 길어진 요즘 세상에서는 아직은 청춘이란다. 짧다면 짧을 수 있지만, 솔직히 말해서 길다. 한평생을 100년으로 하지 않고 60으로 한 것도 이해할 만하다. 나 자신이 살아온 길을 더듬어보면 나 혼자서가 아닌 주위의 울력으로 살아온 것만 같은 생각이 든다. 그것도 나이를 먹어 감에 따라 더욱 절실하게. 정말 무난하고 평범하게 살아온 것 같다. 아쉽지만 다행스러운 삶이다. 좋게 말하면 인덕이 있다고 볼 수 있다.

나는 10남매(6남 4녀)의 9번째로 태어났다. 모두 살아 있다. 지금까지 건강하게 삶을 보전하고 있는 것도 순전히 부모님 덕분이다. 나의 부모님은 부드러우면서도 강한 분이셨다. 어머니는 토지의 최서희 같은 분이다. 당신의 자식들에게 항상 기죽지 말고, 남에게 베풀고 자신에게는 낮추고 인색하라고 하셨다.

아내는 말한다. 어머니의 모습에는 빛이 나신다고. 그렇다. 어머니는 어디에 계셔도 모습과 마찬가지로 빛나는 분이셨다. 아버지는 남들이 보기에는 작고 평범한 인상이었지만 평생을 자기 세계를 가지고 계셨던 분이었다. 우리들이 생전에 미처 몰랐던 비범한 세계를 품고 사셨던 분이었다. 어머니는 평생을 담배와 뇌선을 복용하셨다. 평생 동안 담배와 뇌선으로 의지할 수밖에 없었던 어머니의 고통은 무엇이었는지 모르겠다.

아버지는 술은 좋아하셨지만, 담배는 일체 피우지 않았다. 평생을 즐겁게 어머니 담배 수발을 하셨다. 참으로 특이한 배합이었다. 두 분은 80이 넘게 사시다가 어느 날 소풍 가듯이 떠나셨다.

원기소

나는 어릴 때 유난히도 종기와 부스럼으로 고생하였다. 온몸에 쉴새 없이 솟아나던 크고 작은 빠알간 종기들이 공포스러웠다. 초등학교 앞에 한의원은 매일 내 몸에 침과 칼을 대고 종기를 잘라내고 고름을 뽑아내었다. 초등학교 2학년 때부터 종기가 멎기 시작했다. 큰형수님께서는 집에 올 때마다 양동이만 한 원기소병을 사 가지고 오셨다. 아마 그 원기소 덕분에 종기와 부스럼이 멎은 것 같다. 나는 날마다 누런 원기소 알맹이를 과자처럼 씹어 먹었다. 진하고 메쓰꺼운 원기소 알 냄새가 온몸에서 진동했었다.

초등학교, 중학교 시절, 두 차례 심하게 황달을 앓았었다. 원인은 순전히 급체 때문이었다.

초등학교 3학년 때 어느 여름 저녁이었던 것 같다. 어머니가 생호박을 썰어넣은 칼국수를 해주셨는데, 너무 허겁지겁 먹은 탓인지, 그날 밤 온몸에 큰 동전만 한 두드러기가 퍼지고 한바탕 구토를 하고 나니 기운이 쏙 빠지고 눈이 노래지기 시작했다. 황달에 걸린 것이다. 도리어 나는 학교를 안 가도 되고, 나에게 아무도 오지 않는다는 기분에 한껏 마음이 좋았었다.

어머니가 보리쌀로 단술(식혜)을 해 다 먹이고, 저수지 잉어를 잡아다가 큰 물통에 담가놓고는 쳐다보라고 했다. 잉어를 쳐다보고 있으면 내 눈의 황달이 잉어의 눈으로 옮겨간다는 민간 속설 때문이었다. 몇 시간 동안 계속해서 쳐다보고 있어야 하는 고통은 정말 견디기 힘든 일이었다. 부모님께서 나의 병을 고치기 위해서 백방으로 고생한 흔적들이 지금도 나의 기억 속에 남아 있다. 그 당시 어린 나의 소견에는 죽는다는 것은 전혀 생각지도 않았다. 그렇지만 부모님의 입장에서는 당신의 아들이 죽을지도 모른다는 두려운 생각을 했겠다는 것을, 내가 부모의 입장이 되어서야 느낄 수 있었다. 중학교 3학년 때도 역시 똑같은 경우로 한차례 황달을 앓았었다. 나는 지금도 변함없이 칼국수를 좋아한다.

고바우와 두꺼비

나는 53년 10월 생이니까 6 · 25전쟁을 치르고 난 뒤 전쟁의 상흔이 치유되는 시점에 태어났다. 당시 우리 동네는 정전 후의 가을이었지만 추수거리는 먹을 만큼 어느 정도 있었던 모양이다. 추수 끝내고 나를 수월하게 낳았다고 하니까 태어나면서 먹는 걱정 안 하고 살라는 팔자인 것 같다. 어머니께서 한동안 유방염으로 몹시 아팠던 것도 순전히 나 때문이라고 한다. 젖을 빨다가 젖이 나오지 않으니까 젖을 꽉 물어버린 것이 유방염의 원인이 되었다고 한다. 열 번째로 태어난 막내 여동생은 젖 배를 곯아 살짝 부딪쳐도 혼절을 할 정도였는데, 가족들은 '저게 명보전이나 제대로 하고 살런가' 걱정했다는데 지금은 우리 형제 중에 제일 건강하고 잘 살고 있다.

4 · 19 혁명이 내가 8살 때 일어난 것으로 기억하는데, 그 당시 나는 4 · 19가 뭐 하는 건지도 모르고 자랐다. 나는 아버지 심부름으로 학교 끝나면 학교 앞 신문지국에서 일주일치 신문을 모아서 가져오는 게 일이었다. 일주일째 신문을 가져다 드리면, 아버지는 그 신문을 보면서 혀를 끌끌 차기도 하셨는데 그 모습을 보면서 신문의 내용을 연상하기도 했다. 간간이 신문에서는 피투성이 얼굴을 한 모르는 형님들의 사진을 보고 아버지의 표정을 이해하기도 했다. 그 당시 나는 4 · 19의 그 피어린 의미도 몰랐다. 다만 신문의 고바우 영감, 두꺼비 만화의 그 퍼즐 같은 곡선미에 매료되었었다. 신문에 난 영화 광고를 보고 상상을 즐기는 것도 특별한 재미였었다.

《사상계》와 사형수의 수기

내가 초등학교 다닐 적엔 읽을거리라곤 학교 앞 가게 만화방밖에 없었다. 학교에 도서실이 있었지만, 책을 읽기란 쉬운 일이 아니었다. 일주일에 한번 정도 도서실에서 책 읽을 수 있는 시간이 주어졌지만, 나의 독서 욕구를 채우기엔 모든 것이 역부족이었다. 나는 미치도록 만화에 열중했었다. 중학교 때는 그런대로 독서할 수 있는 여건이 나은 편이었다. 유일하게 학생 잡지 학원이 있었고, 그 속의 내용들에 심취할 수 있었다.

유일하게 형님들이 보던 사상계 잡지나 그 당시 《하늘이 울고 땅이 울고》라는 어느 사형수의 수기집을 형님들 몰래 읽었던 기억이 생생하다. 내용도 제대로 파악도 못하고 그저 습관적으로 줄줄 읽었던 기억밖에 없다.

형수님

1962년 초 내가 아홉 살 때 여름으로 기억한다. 독일 대사관에 계셨던 큰형님이 갑자기 오셨다. 비가 억수로 쏟아져 큰 홍수가 졌다. 동네 앞 냇가에 물이 불어 동네 장정들이 형님, 형수님을 업어다 건넜다. 그 당시 지역은 물론이고 우리 동네에 형님의 귀국이 큰 이슈였고, 들떠 있었는데, 유독 부모님의 표정이 그렇게 심하게 굳어 있었는지 어린 나에게는 이해가 되지 않았다. 그 당시 노랑 저고리 연분홍 치마가 나비 같았던 형수님의 모습이 너무 좋아 가까이 가고 싶어 하는 나를 말리던 어머니가 야속스럽기도 했었다. 형수님이 사가지고 온 과자가 먹고 싶어 투정을 부리다 울면서 구석에 누워 있으면 내 마음을 알기라도 한 듯 한 움큼 과자를 살짝 집어 주던 형수님의 손길을 잊을 수가 없다.

큰형수님이 독일에서 사가지고 온 통가죽으로 된 반바지는 그 당시 학교에서 선생님들이나 1,000여 명의 학생들의 부러움과 호기심의 대상이었다. 처음에는 자랑스럽게 입고 다녔는데 나중엔 나에게 애물 덩어리(?)가 되었다. 처음엔 주위의 부러움과 호기심에 의기양양했는데, 도리어 그걸로 인해서 동물원의 동물 취급받는 기분이 들었다. 나중에는 그 가죽바지가 없어지기를 소원했던 것을 생각하면 지금도 웃음이 인다.

솔직히 학교 공부엔 별로 관심이 없었던 것 같다. 초등학교 때는 만화 보는 데 심취하였고, 중학교 때는 소설 등 책 읽는 데 더 열중했다. 그러다보니 고등학교 시절 대강대강 보낸 것 같고, 기초가 다져지지 못했으니, 대학도 가지 못하고 군대에 입대했다. 군대시절 지독하게 고생을 한 것 같다. 최전방인 강원도 양구군 방산, 동면, 남면지역에서근무를 했었는데, 신원보증인을 잘못 선 탓에 신원 부적격자로 취급당해 전방 근무를 하지 못하고 부대 전출을 세 번이나 다니는 수난을 겪었다. 지금 생각하면 당시는 정말 억울한 일이었지만, 그 일로 인해서 나의 인생에 변화를 주는 계기가 된 것 같다. 지나고 나면 아무것도 아닌 것을 가지고 말이다.

귀 향

육군 병장으로 제대를 했다. 고향에 정착해서 농사를 지으며 살려고 작정을 했다. 내 속에 운명처럼 잠재되어 있는 어쩔 수 없는 귀소 본능이 큰 작용을 한 것 같다. 이 년 동안 논농사를 지었다. 농사를 지으면서 한국방송통신대학 농학과를 다녔다. 농사를 짓다보니 농사 지식도 필요했기 때문이다. 나름대로 열심히 한 결과로 방송대 농학과 전문 과정, 행정학과 전문과정을 마쳤고, 이어 농학과 학사과정을 마칠 수 있었다. 그 당시 방송대 출신들이 대학원 과정을 선호했었다. 방송대 커리큘럼 자체가 학문적으로 탄탄한 데다 방송대 출신들의 실력을 인정해주었기 때문에 대학원 과정은 어느 대학이든 들어가기가 별로 어렵지 않았다. 나 역시 같은 계열, 농학과 대학원 과정을 생각했는 데 전혀 예기치 않은 일로 진로가 바뀌게 되었다.

통영에서

1979년 봄이었던가. 부산에 사업체를 하셨던 셋째 형님께서 통영에 가스 대리점을 개설했는데 그곳에서 일하라고 했다. 당시 고향에 사는 나의 결혼 등 진로문제를 걱정한 형제들의 배려였다. 나의 계획은 고향에서 농사도 짓고, 문학 활동도 하고, 농민 운동도 할 계획이었다.

나는 통영시 봉평동 배추밭 한 귀퉁이에 있는 허름한 창고 건물을 개조한 대리점에서 열심히 출퇴근하면서 일을 했다. 그 결과 책임자가 되고, 사장이 되고, 주위 경쟁 업체를 모두 접수하면서 독점 경영을 할 정도로 사세를 확장시켰다. 지금까지 36년 동안 순탄하게 기업을 경영하고 있다. 지금은 튼튼한 중소기업으로 성장하여, 지역은 물론이고 우리 가족의 튼튼한 밥줄 노릇을 톡톡히 하고 있다.

대학원

나는 대학원을 1991년도에 갔다. 대학원에 들어갈 정도로 사업이 안정되고 있었다. 경남대 행정대학원 북한학과 석사과정에 들어갔다. 그 당시 동독 붕괴, 동서 화합 분위기, 동유럽 민주화 분위기에서 북한에 대한 새로운 관심과 긍정적 분위기가 우세했었다. 그래서 북한학 석사과정을 전공하게 된 계기가 되었다. 석사를 잘 마치고, 이어 정치학박사 과정에 입학해서 2002년 8월에 박사학위를 받았다.

아내와 군의원

1994년도에 우연찮게 지방정치에 입문하게 된다. 그 당시 고성군의회 의원 선거에 출마를 했다. 가족, 형제들의 강력한 반대를 뿌리치고 출마를 했다. 지금 생각해보면 나 자신이 너무 무리했고. 겁이 없었던 것 같다. 남이 감히 생각지도 못했던 정치에 대한 강한 에너지가 숨어 있었던 것 같다. 당선은 되었지만, 그때부터 고생의 길을 걷게 된다. 형제들, 가족들에게도 소원해졌고, 그러다보니 빚을 지고 경제적으로 어려워진다. 아내는 생활전선에 뛰어들고, 화장품 판매를 하게 된다. 모두 나 때문이다.

내가 2대 고성군의회 의원 시절 아내는 정신적 고통을 겪게 된다. 그 당시 의원 보수도 없었고, 어릴 때부터 부유한 환경에서 자라온 아내는 집안 보고 시집와, 본가에 살면서 시할머니, 시부모 모시고 잘 살아왔는데, 이제 형편이 어느 정도 안정이 되려고 하는데 내가 정치 바람이 났으니 그 정신적 충격과 자존심이야 오죽 했겠나. 그 스트레스는 말할 수 없이 컸을 것이다. 아내가 화장품 판매를 하게 된 것도 생활문제도 어느 정도 해결하려는 자구책도 있었겠지만 그 고통을 이겨내려고 했던 것 같다. 13년이 된 지금도 화장품 카운셀러를 하고 있다.

지금은 모든 것이 여건이 전보다 좋아졌지만 여전히 트라우마는 잠재되어 있다. 나는 의원을 두 번 했다. 한 번은 선거로, 두 번째는 무투표로 당선되었다. 나를 지지해준 지역민에게 항상 고맙게 생각하지만 나는 지금도 항상 정치에 목마르다. 세 번째 의원 선거에서 나는 여지없이 참패했다. 악화든 양화든 민심은 당선자 편이다. 그 이후로 교육의원 선거 출마 참패, 그 후로 선거는 잠시 보류한다. 아내는 나에게 안해(안의 해)다.

다시 정치 휴지기로

2003년 봄부터 경남대에 출강하게 된다. 10년 동안 대학에서 강의를 했다. 2006년부터 통일부 통일교육위원이 되어 국가의 통일교육에 전념하다, 통일교육위원 경남협의회장을 맡아 경남의 통일교육을 이끌어 가는 역할을 받았다.

2009년 대북 쌀 차관요원으로 차출되어 북한의 함흥, 평양 등지에 파견되어 활동한 특별한 경험도 가질 수 있었다. 참으로 아이러니컬한 일이다. 군대 시절 신원 부적격자로 찍혀 최전방 근무 배치 때마다 전출을 다녔던 경력에 비추면, 정말 파격적인 상상할 수 없는 상황 변화였다. 군대는 시정은 있어도 수정은 없다. 민간 통일 교육, 대북 활동 경력으로 2011년 국민 훈장을 받게 된다.

끝 말

지금 돌이켜 나의 살아온 흔적들이 나의 자유 의지에 의해서 이루어진 것 같으면서도 보이지 않는 어떤 울타리 속에서 만들어져 왔다는 예감이 든다.

부모님, 가족, 주위 지인들 덕분에 내가 있다는 생각이 솔직히 드는 것은 세월 탓, 겸손한 마음에서가 아니다. 나의 솔직한 심정이다. 어릴 적엔 부모님 덕에 살았고, 나이가 들어서는 형제, 가족, 지인 덕으로 살고 있다. 이러한 보이지 않는 울타리 때문에 나는 뛰쳐 나갈 수 없다.

나에게는 항상 튼튼한 울타리가 쳐져 있다. 내 속에 흐르던 저항의 피도, 알을 깨치고 나가려는 힘도 이 울타리 속에서는 힘이 없어진다. 지금 내가 버티고 있는 고향이라는, 그 알을 깨지 못하는 강한 귀소본능 때문이다. 나는 죽을 때까지 고향이라는 울타리 안에서 살 수밖에 없다. 그토록 나는 우직하고 질긴 놈이다. 그리고 보면 누가 뭐래도 나는 천상 촌놈이다. 나이를 먹어 갈수록 결국 선산 지키는 못생긴 소나무로 살다가 묻힐 수밖에 없는 운명에 만족하고 행복하다. 나는 새벽 여명을 깨고 행동하는 아버지로 살고 싶다. 내가 아버지의 새벽을 추억한 것도 다 이런 이유 때문이다. 이 책을 통해서 나의 속 면모를 조금이라도 알 수 있게 된다면, 다행이고 감사드린다.

차 례

제 1 장
이야기의 시작, 고향

제 2 장
우직할 수 있는 가치

제 3 장

그리고 함께 걷는 길

제1장

이야기의 시작, 고 향

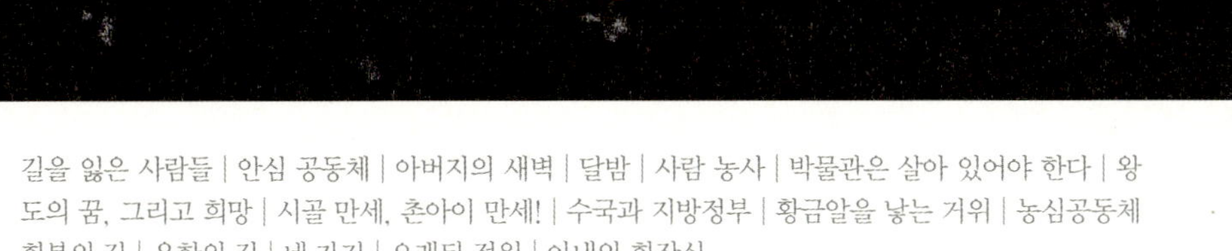

길을 잃은 사람들

— 어느 날 새벽의 소동

바깥에서 갑자기 요란하게 들리는 꽁이의 짖는 소리에 놀라 화들짝 잠이 깼다. 거실에 있던 쭈쭈도 거실 문에 바짝 붙어서 덩달아 짖어댄다. 시계를 보니 새벽 세 시다. 일어나야 하는데 마음 같지 않게 몸이 움직여지지 않는다. 내가 일어나지 않으니까 아내가 투덜거리며 일어나 거실 문 쪽으로 조심스레 다가갔다. 나도 더 이상 누워 있을 수 없다. "와 그라노?" 아내는 누구에게랄 것도 없이 짜증과 두려움이 뒤섞인 음성으로 불안하게 바깥 동정을 살핀다. 나도 곁에 가서 서 봤지만 밖은 아직도 짙은 어둠뿐, 아무것도 눈에 들어오지 않는다. 온 밤을 새느라 지친 가로등 불빛뿐 사방은 적막강산이다. 그런데 유난히 꽁이는 같은 방향을 향하여 짖어대기만 한다.

이제 밖으로 나갈 수밖에 없다. 가장의 위치에서 이 상황을 어떻게든

수습해야 하기 때문이다. 현관에 세워둔 연습용 골프채를 든다. 호신용이다. 상대가 만약 나에게 위험 물체라면 이 골프채를 휘두를 수 있을까. 나는 폭력을 쓰지 못하며, 폭력 앞에 나약한 인간이다. 3월이라 바깥은 쌀쌀하고, 창에는 성애가 덮여 있다. 새벽 공기는 나의 마음을 을씨년스럽고 불안하게 만든다. 바깥에 나와서 꽁이가 짖어대는 방향을 응시했다. 그때 나는 분명히 보았다. 담장 밖 은행나무 밑에서 숨죽이며 서 있는 물체를. 순간 가슴이 서늘해진다. 큰일 났다는 생각에 소리라도 지르고 싶었으나 입이 열리지 않는다. 골프채를 들고 헛 스윙을 해 본다. 상대는 미동도 않고 서 있다. 드디어 집안에서는 아내가 심각한 상황을 인지했는지 불을 환하게 켰다.

쭈쭈 역시 필사적으로 창문을 두드리며 짖어댄다. 20미터쯤 떨어진 은행나무 아래서 어둠을 두르고 미동도 않고 서 있는 저것이 사람이라면 누구일까. 도둑? 강도? 아니면 아랫동네 사람? 순간적으로 많은 인물과 생각이 뇌리를 스쳤다. 그러나 도둑이라면 내가 밖을 나오는 순간에 반사적으로 도망을 가거나 숨었을 것이다. 강도? 그렇다면 이크! 더 무서운 상대다. 저토록 오랫동안 피하지 않고 서 있을 정도라면 보통 간 큰 인간이 아닐 것이기 때문이다. 나는 도저히 상대를 향해 다가가거나 아는 척을 할 수가 없다. 상대가 어떤 행동을 취할지 모르겠기에. 오로지 상대가 조용히 물러가기만을 기대할 수밖에 없다.

이 숨막히는 공포의 순간이 빨리 끝나기만을 바랐다. 자신이 나약해진 게 더 두려우면서도 스스로를 위로하면서 죄 없는 꽁이만 계속 윽박

질렀다. 자신이 정말 나약하고 한심하다는 생각이 들었다. 꽁이보다도 못한 주인의 행동이다. 꽁이는 눈치도 없이 계속 상대를 향해 짖어대고 있었다. 결국 나는 집안으로 들어오고 말았다. 무서워서보다는 이 상황이 견딜 수가 없었던 것이다. 아내가 경찰에 신고하자고 했으나 그러지 말라고 말렸다. 아무리 생각해도 신고할 수 있는 상황이 아니라는 생각이 들었기 때문이다. 이웃집에 알리기도 상황이 분명치 못했고 게다가 알릴 만한 데가 없다. 내가 살고 있는 이 동네는 우리 마을의 끝 동네다. 모두 6가구가 사는데 세 가구는 비어 있고, 두 가구는 80대의 고령 노인 내외가 살고 있다. 그분들을 이른 새벽의 소동에 동참시킨다는 것은 예의가 아니다.

나와 아내는 만약을 대비해서 현관문을 단단히 잠그고 거실의 불을 끈 후 바깥 물체의 움직임을 주시했다. 드디어 상대가 움직이기 시작한다. 상대는 우리 집 대문 앞에서 잠시 머뭇거린다. 순간 아내와 나는 동시에 놀라면서 겁에 질리기 시작했다. 저자가 우리 집 진입을 시도하려고 한다. 이를 어떻게 해야 하나. 이게 무슨 낭패인가. 아내가 신고를 하려고 전화를 걸려고 한다. 그때다. 상대가 다시 돌아선다. 우리 집에 들어오는 것을 포기한 것 같다. 우리 집 대문과 연결된 길을 따라 도로 내려간다. 푸른 가로등 불빛 속에서 상대의 모습이 어느 정도 보인다. 작은 키에 희끄무레한 모자를 쓰고 있고, 다리를 약간 저는 것 같았다.

순간 온몸의 긴장이 쑤욱 빠져나가는 기분이다. 불과 몇 분 동안이지만 극도의 긴장과 공포로 숨이 막혔던 순간을 넘겼다. 안도의 숨을 몰

아쉬며 허무감과 패배감을 느낀다. 만약 그 공포가 실제 상황으로 전개되었다면 나는 고스란히 당하고만 있었을까? 아니면 한 가정의 가장으로서, 한 여자의 남편으로서 가정을 지키고 아내를 지켜 냈을까? 자신있게 후자를 선택하지 못하는 내 용렬함에 대한 회의감이다. 만약 상대가 도둑이나 강도였다면 속수무책으로 모든 것을 다 빼앗겨 버렸을지도 모른다는 생각이 든다. 아니 도리어 용감한 아내가 수호천사가 되었을 것이다.

그러는 사이 새벽의 소동은 물러가고 아침이 되었다. 나에게는 아침이 되어도 새벽의 그 순간과 그 상대의 실체가 머릿속을 떠나지 않는다. 일을 해도, 밥을 먹어도, 책을 읽고 있어도, 나의 존재의 의미와 그 상대의 실체에 대한 의문이 떠나지 않는다. 혹시나 하고 아랫동네에 사시는 형님에게 전화를 걸어 물어본다. 오늘 새벽에 우리 집 근처에 오시지 않았느냐고, 제발 그렇다는 대답이 나오기를 바라면서. 사실 우리 집 주위의 논이나 우리 뒷집은 이 형님의 소유였기 때문에 그럴 수 있겠다는 생각에 묻고 확인하고 싶었다. 그러나 대답은 막연한 기대를 저버리고 아니란다. 또다시 혼란이 인다. 그렇다면 도둑이나 강도 미수범이 확실한 것인가. 지금까지 우리 동네를 특히 우리 집을 안전한 지역이라고 생각했었다. 그런데 이번 사건으로 인해서 예외가 아니라는 생각이 든다. 그렇다면 방비를 하지 않을 수가 없다. 보안장치를 설치하든가. 파출소에 얘기해서 순찰을 해달라고 부탁할 수밖에 없다.

온종일 머릿속에는 이러한 생각밖에 없었다. 내가 가정을, 가족을,

지키지 못하면 외부의 힘을 빌려서라도 우리 가족을 지키지 않으면 안 된다. 우리의 환경이 언제부터 이 지경까지 되었나 싶어 한심스럽고 서글퍼진다. 퇴근 무렵에 인근 파출소에 들러서 오늘 새벽 상황을 신고하고 협조를 구하려고 마음을 먹었다. 그런데 오후 퇴근 무렵, 아내의 전화를 받고 나서 그동안의 모든 고민과 의문의 실마리가 풀리게 되었다. 아내의 말인즉슨, 오늘 새벽에 우리 이웃집 노부부가 사는 집에 그 사람이 찾아왔더라는 것이다. 길을 잃었는데 불빛을 보고 찾아왔다면서 아침까지만 있게 해 달라고 부탁을 하더라는 것이다. 그런데 그 집 할머니가 완강하게 거절하면서 쫓아냈다는 것이다. 그 할머니도 낯선 사람이 갑자기 찾아와서 그러니까 겁이 나서 무조건 거절했고, 완력으로 쫓아 냈다는 것이다.

그 사람은 그 집에서 쫓겨나서 우리 집 앞에서 구원을 청하려 했으나 우리 집 개들이 워낙 짖어 대서 이러지도 저러지도 못하고 서 있다가 다른 곳으로 발길을 돌린 것 같다. 노부부가 사시는 집에는 대문이 없고 불이 켜져 있어서 쉽게 들어갔고, 우리 집은 대문이 굳게 잠겨 있어서 쉬이 구원을 청할 경황도 없었던 것 같다. 내가 밖에 나갔을 때 도움을 청할 수 있었을 터인데, 골프채를 들고 있었기 때문에 상대적으로 두려웠고, 또 개들이 워낙 극성스럽게 짖어서 그럴 엄두도 못 내고 돌아섰나 보다. 자라 보고 놀란 가슴 솥뚜껑 보고 놀란다더니 결국 서로가 상대를 몰랐기 때문에 일어난 일이다.

아내는 저녁상을 차리면서 이웃집 할머니의 무용담을 명랑하게 재잘

댄다. 아내 역시 이런 대화를 통해서 지난 새벽의 두려움을 씻어내고 있는지도 모르겠다. 나는 아내의 이야기를 들으며 다시 생각에 잠긴다. 만약에 그 사람이 나에게, 우리 집에 도움을 청했다면 어떻게 했을까. 생판 모르는 사람을 따뜻한 집안으로 데려다가 아침이 올 때까지 기다리게 도와 주었을까. 나는 단번에 아니었을 거라는 생각이 든다. 먼저 파출소에 신고를 했을 것이고, 파출소 순찰차가 와서 데려감으로 상황을 끝내었을 것이다. 그리고 그것으로 우리의 할 일을 다했다고 만족했을 것이다.

하지만 옛날엔 그렇지 않았다. 과객들이 오면, 따뜻한 사랑방에서 재우고, 없는 찬이지만 밥상을 대접해서 보냈다. 그러나 지금은 모두가 마음의 문을 굳게 닫고 산다. 빈집도 빈집이고, 사람이 사는 집도 빈집이다. 시골에서든, 도시에서든 결국 마음의 문을 닫아 버리면 모두가 빈집인 셈이다.

그 사람은 분명 길을 잃었었다. 병들고 불편한 사람들이 길을 가다가 길을 잃어버리면 정말 곤란을 당하거나 죽음을 당하기도 한다. 그럴 때 도와주지도 않고 외면만 한다면 어떻게 될 것인가. 또 다른 형태의 폭력이다. 우리는 지금 자신도 모르게 수없이 많은 폭력을 휘두르고 있는지도 모르겠다. 아내의 두려움이 완전히 씻긴 명랑한 말소리를 뒤로하고, TV 뉴스에서는 중국 공안에 잡혀 재송환의 날을 기다리고 있는 탈북한 동포들의 뉴스가 나온다. 그것이 길을 잃은 사람들의 처절한 비명처럼 들려서 순간 부끄러움에 양심의 가책을 받는다.

안심 공동체

긴 병 앞에는 효자 없듯이

농촌 인구의 고령화 속도가 갈수록 빨라지고 있다. 노인 문제는 지역을 넘어 국가적 세계적 문제로 대두되고 있다. 노인성 질병 역시 복지 차원에서 제일 중요시되는 관리 대상이다. 뭐니 해도 제일 중요시되는 노인성 질병은 중풍과 치매다. 중풍과 치매를 예방할 수 있는 대책만 세울 수 있다면 나이라는 것은 한낱 숫자에 불과하다고 큰소리 칠 수 있다. 우리 주위 아는 사람들 중에 부모님이 아프다고 소식이 오면 대부분 중풍이나 치매이다. 우리는 위로한답시고 예사로 '고생 많이 안 해야 할 텐데' 하고 인사를 한다. 미안하지만 솔직한 표현으로 이왕 회복 안 될 바에야 자식들 고생시키지 말고 빨리 돌아가시는 편이 낫다는 간접적인 뜻의 전달이다. 긴 병 앞에는 효자 없듯이 요즘처럼 바쁘게 돌아가는 세상에 부모님이 오래 병상에 누워 있으면 서로가 고생이다.

그나마 요즘엔 곳곳에 노인 요양시설이 잘되어 있어 자식들끼리 추렴을 해서 요양비 및 간병비를 대고 하니 고생이 덜하지만 정신적인 고통은 말로 표현할 수가 없다. 특히 치매 부모를 둔 자식들의 수발은 이루 말할 수 없이 고통스럽다.

교육장을 지냈던 나의 매형 같은 경우엔 안사돈께서 치매에 걸려 수년을 고생했는데 치매병원에 맡기지 않고 돌아가실 때까지 집에서 모셨다. 염량 체면이 극진한 양반이라 차마 치매병원에다 모시지 못하였던 것 같다. 그렇게 하자니 앞앞이 말 못할 물적 심적 고통인들 오죽했겠는가. 병 중에 제일 무서운 병이 치매다. 기억을 지워버리는 병, 환자는 기억이 지워져 고통이 없을지 몰라도 그걸 고스란히 떠안는 가족의 간병과정은 정말 비극적 현상이다.

병난 아버지가 가족의 관심에서 멀어지는 것을 경계

나 역시 병난 부모님을 모신 적이 있다. 내 나이 25살 때 갑자기 아버지께서 중풍으로 쓰러졌다. 중풍 초기라서 약간의 육체적 장애는 있었지만 정신엔 큰 문제가 없었다. 우리 집 대문 앞에서 마을 회관까지 거리가 약 300미터 정도 되는데 운동하신다고 매일 수십 번씩이나 가고 오고 하면서 신발을 끄는 바람에 고무신이 일주일도 못 가서 바닥에 구멍이 송송 나곤 했다. 그러다보니 나는 자연스럽게 고향 지킴이가 되었다.

고향 차지하면서 제일 큰 문제가 결혼이었다. 가뜩이나 농촌에다 할머니, 병난 아버지, 어중간한 학벌, 제대로 된 직장도 없는 내 처지에는 모든 것이 악재(?)였다. 집안이나 주위 여건이 좋아 가끔 가다 심심찮게 맞선을 보게 되면 위에 열거한 악재들(?) 때문에 십중팔구 퇴짜를 맞곤 했었다. 오죽했으면 도회지로 가서 결혼을 해가지고 들어오라고 주위에서 고마운 권유(?)까지 했겠는가. 그러나 그런 생각은 추호도 없었다. 지금 아내를 만나려는 계시였던 것 같다. 아내는 나의 뜻을 잘 이해하고 결혼을 했다. 그리고 시할머니, 병든 시아버지, 그리고 대가 찬 시어머니 모시고 남매를 낳았다.

1985년쯤이던가. 그 당시 나의 큰형께서 주 터키 한국 대사로 재임 중이었는데 외아들이 임지에서 사고로 죽은 것이다. 그때 쇼크로 병세가 악화되어 다시는 일어나지 못했다. 돌아가실 때까지 수년 동안을 식사도 누운 상태에서 하게 되고 대소변도 누운 상태에서 받아내었다. 환자를 조용한 사랑채나 별채로 모시자는 의견도 있었지만 어머니와 아내는 아버지를 안방에 모시자고 주장했다. 이유인즉슨 환자를 사랑채나 별채에 모시게 되면 병간호를 소홀하게 된다는 것이다. 한마디로 병난 아버지가 가족의 관심에서 멀어져가는 것을 경계한 것이다. 아버지를 안방에다 모시니까 자연히 주위 환경이 청결하게 되고 병문안 오는 사람들이나 가족들도 부담이 없이 청결한 환경에서 환자를 대하게 되었다. 심지어 우리 아이들(당시 애들 수열이는 다섯 살, 효정이는 세 살 정도)조차도 할아버지의 병 수발을 거드는 흉내를 내곤 하였다.

동네 마을회관은 훌륭한 주민 공동체 역할

지금 내가 살고 있는 마을은 우리 집을 중심으로 다섯 가구가 살고 있는데 거의가 팔십 이상이 된 노인들이다. 다행히 이분들은 모두 정정하다. 그런데 가끔 심적으로 부담스럽다. 갑자기 잘못 될까 봐서다. 아내에게 잘 계시는지 알아보라고 한다. 도시처럼 이웃에 무슨 일이 있는지도 모르는 경우가 되면 객지에 나가 있는 자식들로부터 원망 아닌 원망을 들을 수도 있다. 저녁 되면 산책을 나가는 데 주위를 한번 둘러본다. 불빛이나 인기척이 나면 안심이 된다.

요즘에 와서 동네 마을회관은 정말 훌륭한 공동체 역할을 하고 있는 것 같다. 마을 주민들의 다기능 공동 주거공간으로 안성맞춤이다. 이곳에서 거의가 이루어진다. 숙식, 대화, 놀이 등, 마을회관 운영을 잘하면 농촌의 주민들이 외롭지 않고 안전하고 편안하게 지낼 수 있으며, 나아가 도시에 있는 자식들 역시 안심하고 자기 일을 열심히 할 수 있는 안심공동체 역할에도 기여할 것이라고 확신한다. 앞으로 이에 대한 지자체 관계자들의 발전적 방안도 기대해본다.

아버지의 새벽

이른 새벽에 아버지는 집을 나선다. 나는 누우런 창호지에 일렁이는 검푸른 여명을 맞는다. 오늘도 어디를 떠나시나 보다. 아버지가 집을 떠나는 새벽은 잠깐 어수선해진다. 어머니의 인기척, 할머니의 담뱃대 두드리는 소리, 덩달아 개 짖는 소리 등등, 왠지 모르게 목이 메여 숨죽이며 울고 싶은 기분이다. 아버지가 집을 떠나는 이른 새벽은 이유도 모른 채 서럽다. 아버지의 새벽 식사를 위해서 쌀독을 긁어대는 어머니의 바가지 소리 역시 어린 가슴을 조이게 한다.

누군가가 얘기했다. 옛날에 일반적으로 부자 소리를 듣는 수준이 지금 끼니 걱정 안하는 서민층 수준쯤 된다고. 공감이 가는 얘기다. 농경산업시대에 부의 척도가 쌀이 아닌가. 그 당시 끼니를 거르지 않은 우리 집도 그런대로 부잣집 소리를 들었다. 속으로 가난했어도 구차함을 보이지 않으려고 했던 부잣집이었다. 농사는 많았지만 대부분 머슴들의 차지였다.

어머니의 쌀독 긁는 소리가 크게 들려올수록 어린 내 가슴은 조여 왔다. 버스 정류장까지 갈려면 집에서 2킬로 가량 되는 비포장도로를 걸어야 한다. 그리고 다시 일정치 않는 새벽 버스를 무작정 기다려야 한다. 멀리서 들려오는 새벽 버스 소리는 어떨 때는 탱크처럼, 위압적으로 들리곤 했다. 아버지는 새벽 버스를 놓치지 않으려고 뜨거운 김치국밥을 급한 듯이 잡수시는 것 같다. 연신 후후 불어대는 아버지의 거센 입김 소리는 어린 나의 가슴을 서럽게 쥐어박는다. 아버지의 새벽을 준비하는 어머니의 소리 없는 움직임과 아버지가 드디어 흙 마당 밟는 발자국 소리가 들려올 때까지는 나에게 있어서 숨 죽이듯 터지지 않는 울음의 상흔으로 남는다.

아버지는 왜 새벽에 그렇게 급하게 떠나야 하는지 모르겠다. 평생에 농촌에 살면서도 농사일이라고는 해본 적이 없는 아버지였다. 가을 타작 마당에서 엄연히 주인인 아버지의 나락 가마니의 수가 머슴들의 새경 몫으로 제한 나락 가마니 수보다 훨씬 작아야 하는지 이유를 몰랐다. 그렇다고 다른 부업을 해서 돈을 벌어 본 적도 없는 아버지였다. 남들보다 공부를 많이 해서 학식이 풍부한 것도 아니고, 카리스마가 있어 마을에서 지도자의 위치에 있었던 것도 아니었던 아버지였다. 항상 어머니의 눈부심에 가린 한 움큼 그늘로, 길가의 들꽃같이 작아 보였던 아버지였다.

6남 4녀 중에 아홉째로 태어난 나는 어머니의 젖을 빨다가 나오지 않자 젖을 이빨로 물은 모양이다. 그 후유증으로 어머니께는 심하게 유방앓이를 하신 것 같다. 다행히 그 당시 진전 오서에 있었던 권 약국에서 용한 침술로 회복되셨다고 하는데, 그 후로 평생을 고생하셨다.

어머니께서는 어릴 때부터 담배를 피우셨다고 한다. 어린 시절에 외할아버지 옆에서 담배를 재드리고 한 모금 빨고 한 것이 습관이 되었던 같다. 시집오실 때 혼수 품목에다 담배를 가져올 정도였으니, 가히 어머니의 애연 경력은 알아주었던 것 같다. 팔순을 넘겨 사시면서 단 한 번도 담배를 떼 본 적이 없는 어머니였다. 아버지는 평생을 어머니의 담배 후원자가 되었다. 당신은 담배를 전혀 하지 않으면서, 할머니와 어머니의 담배를 대셨다. 그리고 어머니의 건강이 좋지 않았기 때문에 십리 장길을 개장국(보신탕)을 들고 날랐다. 개장국이 든 그 크고 무거운 주전자를 들고 오시던 아버지의 모습이 기억에 생생하다.

내가 기억하는 아버지는 작고 여리면서도 강한 그 무엇이 있었다. 평생을 노동 한번 안하고 사셨지만, 6남 4녀의 자식들에게 구차하게 살도록 두지 않았다. 이웃에 잔치라도 있는 날이면 가지 말라고 부드럽게 경고하셨다. 나는 이웃집 잔치음식의 유혹을 참아내며 기다려야 했다. 나중에 잔치한 이웃에서 가지가지 음식을 담아 우리 집으로 보내오곤 했다. 결국 우리는 가만히 앉아서 대접을 받곤 했다. 내 또래 동네 아이들이 잔칫집 담장에서 기웃거리며 기다리다가 떡 한 조각 겨우 얻어먹는 처지에 비하면 우리에겐 파격적인 대우였다. 넉넉하지는 못했지만 청빈과 청부의 정신을 두루 갖출 수 있도록 예의와 품격을 가르쳐 주신 것이다. 평생을 글 읽는 모습을 본 적은 없었지만 아는 것이 많았으며 생각이 깊고 담대한 분이었다. 작고 부드러우면서 강한 야성의 힘으로 간간이 정의로운 행동으로 보여 주셨다. 당시에 군사정권과 독재정권에 대한 말 없는 저항정신은 아버지의 작고 겸손해 보이는 모습 이면에서 강한 전류처럼 흐르고 있었다.

한 번은 우리 집안의 형님 되는 분이 야당 국회의원으로 출마하였다. 얼마나 헌신적으로 도우시는지, 주위에서 말이 좀 있은 것 같다. 그때 나의 형(전 행자부 장관 역임)께서 인근 군에 군수로 재직 중이었는데, 상대 후보가 형에게 도움을 많이 주신 분이었다. 형의 입장에서는 얼마나 난감했겠는가. 하루는 조용히 와서 선거운동을 자제하시라고 한 모양이다. 그때 아버지께서 왈, "이놈아, 네가 군수를 그만두고 ○○○개를 도우라." 할 말을 잃은 형은 말없이 돌아갔다고 한다. 일족에 대한 애정도 강했겠지만 무엇보다도 당시 군부 정권에 대한 잠재된 저항의식이 표출된 것 같다.

아버지는 평생을 누구 앞에 서서 강한 리더 한번 해본 적이 없는 성격이었지만 많은 사람들에게 사랑과 존경을 받았다. 아이들도 좋아하고 어른들도 좋아했다. 모두에게 공평무사하게 대했다. 아이들 보면 과자 사 주고 어른들 보면 소주(당시는 동네 주막에서 소주를 잔으로 팔았다) 사주고 하니 어느 누가 좋아하지 않겠는가. 아버지는 그런 사람들의 나무 그늘이었던 같다.

한번은 우리 동네에 사는 형뻘 되는 사람이 미친 일이 있었다. 그 당시는 동네마다 미친 사람이 간혹 있었다. 어릴 때 기억인데, 초등학교 잔디에서 엎드려 풀을 뜯어 먹는 여자아이가 있었다. 우리는 평소에 그 애의 머리가 하얘서 '할매' 라고 놀렸다. 어느 날 그 아이가 학교 잔디에 엎드려 풀을 뜯어 먹고 있는 모습을 보고 충격을 받았다. 우리는 그 아이가 미쳤다고 생각했는데, 지금 생각하니 배가 고파서 실성을 한 모양이다. 지금 그 아이는 어디서 무엇이 되어 있는지 모른다. 지금 생각할수록 미안하고 양심의 가책이 된다,

다시 그 형의 얘기로 돌아오면 그 형은 수시로 실성을 해서 우리 집 앞산 꼭대기에 있는 농바위에 올라가 대한독립만세를 시도 때도 없이 불러 댔다. 평소에 자기와 감정이 안 좋았던 사람에게는 약간의 부랑기(?)를 보이다가도 아버지를 보면 순한 양처럼 고분고분해졌다. 그리고 실성한 와중에도 산에서 땔감을 한 짐 해 와서 우리 집 마당에 져다 놓곤 하였다. 그걸 보면서 아버지가 평소에 얼마나 자기에게 잘해 주었으면, 저렇게 하겠는가 하고 어머니께서 말씀하시는 것을 듣곤 신기하게 생각되었다.

아버지는 70세 되던 어느 봄날 갑자기 중풍으로 쓰러졌다. 그 당시 내가 군에 제대해서 시골에 머물고 있던 해였다. 급히 택시를 불러 십 리가 넘는 비포장길을 달려 읍네 의원으로 갔다. 읍네 의원이 가망이 없다고 다시 집으로 모셔가라고 해서 모셔왔는데, 집에 오니 다시 정신이 돌아오는 것이 아닌가. 아마 오는 도중 비포장도로의 울퉁불퉁한 충

격으로 막혔던 혈관이 뚫어졌던 모양이다. 기적적인 일이었다. 그 후로 10년을 더 사시다가 온 가족이 임종을 지켜보는 가운데, 촛불이 꺼지듯, 편안하게 소풍 가듯이 그렇게 돌아가셨다. 선거 때 아버지의 음덕을 크게 입은 적이 있다. 내가 94년도 지방의회 선거에 첫 출마를 했었는데, 가는 곳마다 이구동성으로 "아무게 자제 아닌가. 자네 어른을 봐서라도 찍어 줄테니까 걱정하지 말라."고 했다. 덕분에 가뿐히 당선되었다. 순전히 아버지의 음덕으로, 민심을 얻어야 되는 선거를 두 번씩이나 당선되는 영광을 누릴 수 있었다.

지금 내 나이 60고개에 접어들었다. 날마다 새벽을 맞으면서 아버지의 새벽을 기억하곤 한다. 그 당시 아버지의 새벽은 고르지 못한 세상과 칙칙한 삶과의 몸부림이었고 속으로 타는 눈물의 새벽이었다. 당신의 새벽은 6남 4녀, 우리 형제, 가족의 새벽이었으며, 어쩌면 정말 할 일이 없어 할 일을 찾아 몸부림쳤던 말 못할 울음의 새벽이었는지도 모른다.

달 밤

동산에 달 등이 보이기 시작한다.

한 줄기 바람이 달 등을 쓸고 가자 서서히 차오르는 추석 달!

순간 쏟아지는 금빛 가루에 환하게 밝아 오는 마을, 그리고 호수의 금빛 물결.

'의사의 말이 며칠 안 가렸단다. 암 덩어리가 커져서 신경을 건드리기 때문에 더 아프단다. 차라리 고통 없이 죽는 게 행복할 것 같다. 정을 떼려고 그러는지 요즘 가족에게도 심하게 굴어'

말없이 형님 집을 나왔다.

'소풍 가듯이 세상을 떠날 수는 없나.' 지지고 볶고 해도 부부는 오래 살아야 한다.

"아, 달 봐라! 달이 뜬다!" 한바탕 명랑한 소동이 일어난다. 명절 때나들을 수 있는 반가운 소리다. 이어 팡팡! 하고 장난감 폭죽이 밤하늘을 가볍게 난다. 나는 마을 앞 다리 위에 서 있다. 내 앞으로 대여섯 명의 아이들이 생기 있는 바람을 일으키며 지나간다.

누나나 엄마처럼 보이는 여자가 중학생쯤 되어 보이는 사내아이의 손을 꼭 잡고 있다.

사내아이는 연신 허공에 대고 뭐라고 알 수 없는 소리를 질러 대고 있다.

갑자기 누구냐고 그들의 동정을 묻고 싶다.

"아저씨는 누구세요?" 되물으면서 자기들끼리 키득거린다. 나는 이 마을에 사는 아무개라고 했다.

"그러시면 수열이 아빠?" 사내아이의 손을 잡고 있는 여자가 아는 체 한다.

그렇다고 하니, 자기 딸이 수열이와 같이 유치원에 다녔다고 한다.

20년 전의 일이다.

딸 이름이 무어냐고 물었다. 소정이란다.

그들과 자연스럽게 같이 걸었다.

"소정이? 지금 어디 있지?"

"사회 복지사로 일하면서 대학원에 다니고 있어요."

그 당시 가정 형편이 어려워 당분간 시골 외갓집에 맡겼단다. 소정이 외갓집을 잘 안다. 그러고 보니 애 엄마는 건너 동네 방앗간 집 딸이다.

"아버지가 트럼펫을 잘 부셨지."

"네, 그래요. 제가 학교 다닐 때 친구들이 저를 많이도 부러워했어요. 멋쟁이 아빠를 두었다고."

엄마에게 손이 잡혀 있는 사내아이는 계속 허공을 향해 소리를 질러댄다.

"이 아이는 몇 살이지?"

"26살요."

"그래, 중학생인 줄 알았는데. 어디 아픈가?"

"자폐증상이예요."

"그랬었구나, 고생이 많네, 참 잘생겼네."

"안녕하세요, 해봐."

엄마가 아이에게 인사를 시킨다.

"안녕하세요."

아이는 어눌하지만 잘도 인사를 한다. 기계적인 동작이다.

"심한 자폐가 아니라서 보통 아이들과 같이 지내요."

말끝이 흐려진다.

엄마가 작아도 당당해 보인다.

"그러니 엄마 아빠가 얼마나 고생스러웠겠어."

한 줄기 서늘한 바람에 달빛이 사방으로 흩어지면서 들길을 쓸고 간다.

"아빠는 뭐 하시지?"

"혼자 살아요."

"소정이 6살 때 헤어졌어요."

문득 소정이 외삼촌 소식이 궁금하다.

"오빠는 지금 뭐하지? 아직도 정치하나?"

그 당시 박근혜 후보와 같은 지역구에서 민노당 후보로 출마해서 상대한 친구다.

온 동네에서 화제가 되었다.

"아니요. 오빠는 대목장이 되었어요. 박사 학위도 받았고요."

아름다운 변신이고 도전이다.

헤어질 장소까지 다 왔다. 짧은 시간이었지만, 긴 여정처럼 느껴진다.

잘 가라고 인사를 하고 돌아선다.

사람들은 저마다 기쁨보다는 아픔의 덩어리를 더 많이 안고 사는가 보다.

'다 지나고 나면 모두가 한 줄기 바람인 것을.'

달밤은 고요히 흘러가고 있다.

사람 농사

왕대밭에서 왕대가 난다고 했던가. 그만큼 씨 밭이 중요하다는 뜻일 것이다. 아울러 식물의 생육에서 토양과 환경이 미치는 영향도 중대하다고 할 수 있다.

고성은 만물이 생육하기에 아주 좋은, 산세가 편하고 힘이 있으며, 물과 바람이 맑고, 땅 질이 좋은, 천혜의 자연조건이 골고루 갖추어진 축복받은 땅이라고 할 수 있다. 이곳에서 어찌 잘 영근 풍성한 곡식농사, 사람농사가 약속 되지 않겠는가.

지금, 우리 고성엔 생명환경농업이라는 맑은 생명의 바람이 일고 있다. 올해 재배면적은 전 농경지의 2% 정도밖에 되지 않지만, 그 시초가 주는 의미는 크며, 앞으로 두 달 후면 새 생명의 발원지로 전국적인 관심과 신선한 충격이 이곳에서 일어날 것이다.

처음엔 기존관행농법으로 인한 정체성의 혼란도 있었지만, 양복 입고 농사짓는 자세를 버리고, 진정으로 정직한 마음으로 이 농사법을 시행한다면 성공한다는 확신이 선다.

우리 주위에 산재해 있는 자원을 활용해 땅심을 높이고, 자연과 환경을 이용하면서 생산비를 적게 들이고 안정적인 수확을 할 수 있다는 것은 단순한 이론보다는 과학적 실체이며, 실증적이다. 이 기회에 우리의 잃어버린 농심을 회복할 수 있다면 그 가치 또한 무한대다.

사람을 키우는 것을 사람농사로 표현한다. 그만큼 농사는 만물의 근본이며, 농심은 사람의 근본이다. 사람은 산이다. 그래서 인맥을 수양산 그늘이라고 했다. 높고 깊은 산일수록 크고 작은 수많은 생명들을 품고 있으며 그러면서 든든하고 힘차고 말이 없다. 고성은 깊고 크고 편안한 산이다. 이 산속엔 수많은 크고 작은 인재들이 동량으로 다듬어지고 있다.

고성을 역사적으로 인물의 고장이라고 한다. 각계각층에서 인물들이 배출되어 전국적 관심을 모으고 있다. 특히, 한때는 나라를 움직이는 행정부의 각료급(장관급)들이 줄줄이 배출되어 고성에 힘을 실어주었고, 지금도 이어지고 있다. 이분들의 국정수행 능력도 돋보였지만, 공직자로서의 도덕성과 청렴성도 존경받고 인정받았다. 고성의 정기를 받아 지혜롭고 후덕한 인재로 다듬어져 국가와 지역에 공헌하는 모습을 볼 때마다 사람이 희망이라는 말이 더욱더 가치를 발한다.

지금 고성엔 큰 인물 배출에 대한 축하 현수막들이 곳곳에서 빛을 발하고 있다. 빛나게 휘날리고 있다는 표현이 적절할 것 같다. (김형오 님, 국회의장 당선!) 각계각층에서 내건 현수막들이다. 민주주의의 꽃인 선출직 시대를 맞아 우리 고성 역사 이래 최고의 쾌거이다. 선출직으로서는 최고이며, 삼권의 한 축인 입법부의 수장이다.

이러한 인물이 만들어질 때까지 본인의 내면적인 지와 덕의 내공은 엄청났겠지만, 7할은 고성의 맑은 바람, 물, 비옥한 땅심의 정기와 고성 사람들의 순한 입김이 작용한 덕택 아니었을까 싶다.

고성 출신 국회의원도 7명이나 된다고 한다. 거기에다가 부산광역시의회 의장(제종모 님, 대가면 출신)도 고성 출신이고, 경남도의회 의장(이태일 님, 하이면 출신)도 고성 출신이라고 한다.

조그마한 농촌 군에서 대단히 경이적이며 자랑스러운 일이다. 앞으로도 고성이라는 큰 산속에서 국가와 지역을 위해서 쓰일 인재들이 계속 크고 있으며, 좋은 씨앗들이 계속 뿌려지고 있다. 앞으로 이러한 인재들이 왕대밭에 왕대 나듯이 쑥쑥 자라나 가끔씩 우리를 놀라게 하고 기분 좋게 할 것이다. 이 인재의 흐름을 잘 살려 고성의 정체성과 고성인의 의식을 다듬고 조화롭게 변화시키고 발전시켜 나간다면, 앞으로 고성 인물의 잔치가 아니라 고성 건설의 잔치로 상승시킬 수 있지 않을까 기대해본다.

박물관은 살아 있어야 한다

고자미동국이라고 했다. 하나의 조그만 국가 소가야의 역사, 그 유적지인 고성에는 송학고분군이라는 아름다운 무덤들이 놀고 있다. 특이하면서 아름답고 볼수록 태초의 영혼들이 살아서 기분 좋게 뛰노는 것 같은 생명의 기운이 철철 넘치는 모습이다.

반면 그 옆 모퉁이를 돌아 소가야 유물 전시관의 웅크리고 앉아 있는 모습은 외롭고 처연해 보인다. 그 당시 토기를 형상으로 건축한 모양인데 군과 군민의 입장에서는 고성의 역사와 얼이 소장된 곳이라 성역과도 같이 소중하게 모셔야 할 곳이다. 그런데 아닌 것 같아 매우 안타까운 심정이다. 이곳에는 고성의 역사와 얼이 얼마나 어떻게 채워져 있을까. 왠지 역사 속으로 잊혀가는 장소가 될 것 같아 걱정스럽다. 이 박물관이 살아서 움직여야 하는데 방법이 없을까. 요즘 사람들은 옛것에 소홀하고 새것엔 쉽게 싫증을 내는 경향이 있다.

공룡박물관은 매일 살아서 생기를 더해가는데 이 박물관은 날로 퇴색되어 늙어가고 있다는 느낌을 받는다. 고성에 머리를 두고 뿌리를 내리고 사는 고성 사람들이라면 이 문제의 해결을 화두로 삼아야 한다. 물적 투자를 더하는 것도 한계가 있지만 살아 있는 고성 역사 얘기를 만들어 내는 작업은 무한대이다. 전국에 흩어져 있는 우리의 소가야 유물들을 찾아서 갖추어 채우기에는 앞으로도 많은 시간과 노력, 예산이 투입되어야 할 것이다. 이것은 장기적인 계획으로 추진하면 되고 지금도 현재 진행 중일 것이다.

문제는 이곳으로 사람들이 찾아오게 하는 것이다. 유인책을 만들어 내야 한다. 이곳으로 전국에서 많은 사람들, 그중에 고성과 소가야 역사에 대해서 관심 깊은 사람들, 우리 향인들, 그리고 그 자녀들이 정례 코스로 다녀가게 할 수 있는 방안을 만들어 내어야 한다. 그래서 고성을 알리고 소가야의 정체성을 살려 내일의 고성의 비전을 만들 수 있는 치열한 고민과 부딪침을 고성 사람들이 해내야 한다는 말이다. 건축물만 지어놓고 그 내용의 채움을 고민하지 않으면 생명 없는 무덤이나 다름없다. 진정으로 박물관은 살아 있어야 한다.

새로운 것은 아니겠지만 방안 하나 생각해 본다. 이 박물관에 우리 조상들의 족보 전시관을 유치하면 어떨까 하고. 고성군은 정책적으로 고성에 살고 있는 성씨들이 가지고 있는 문중의 족보들(보물들)을 이 박물관에 기증 또는 위탁받아 안전하게 보존 관리하는 것이다. 지금 각 문중에서 개별적으로 소장하고 있는 족보들은 관리 소홀로 인하여 대부분 도난 내지 폐기되고 있는 실정이다. 문중이나 고성군을 봐서는 아까운 문화재가 대책 없이 사라지는 것이 억울하고 안타까울 지경이다. 그래서 이 문제를 가지고 고성군이 문화 정책적 차원에서 접근하여 추진할 수 있기를 권한다. 각 문중에서도 반대하지 않을 것이라고 생각한다.

그리고 고성군은 이 소중한 문화 재산들을 단순히 관리하는 차원을 떠나 우리 지역 후손들에게 훌륭한 역사교육 뿌리 교육이 될 수 있는 교육장을 만드는 것이다. 전국에 흩어져 살고 있는 우리 향인들 그리고 그 후손들이 자기 조상의 업적이나 행적을 이곳에 와서 직접 보고 들으면서 체험한다는 그 자체가 얼마나 가치 있고 아름다운 산교육인가. 이것이 효충도의 교육이다. 그러면 항시 이곳에는 조상의 행적을 찾아 전국의 후손들이 끊임없이 모여들 것이라 상상된다. 고성군이 추진하는 명품교육도시 건설의 취지와도 부합된다.

많은 돈을 들여 해외유학도 보내고 장학금을 마련하는 것도 필요하고 좋은 일이기도 하다. 그러나 무엇보다도 진정한 교육의 목표란 살아 있는 현재 그대로를 정직하고 진솔하게 후손들에게 전함으로 해서 뿌리가 흔들리지 않는 생명 있는 교육정책을 세우는 것이 우선이다. 무슨 일이든지 주어진 여건을 잘 개발해서 다듬어 나간다면 새로운 창의력이 솟아나고 그것이 지역발전 나아가 국가발전에도 기여하는 소중한 자산이 될 것이라고 믿는다.

오랜만에 생각을 정리하면서, "박물관은 살아 있어야 돼!" 하고 중얼거려 본다.

왕도王都의 꿈, 그리고 희망

참으로 무더웠던 여름이 지나갔다.

앞서간 여름은 너무나 무더웠고, 행사도 많이 했지만, 그래도 특별하게 인상에 남는 것은 올해 우수 고등학교로 지정된 함양고등학교로 견학을 간 것을 들 수 있겠다.

우수 고등학교로 지정되면 학교를 발전시키는 데 드는 예산을 국가가 지원해 주어, 그 학교는 지방에서 경쟁력의 우위에 서는 학교가 될 것이다.

정부에서는 겉으론 교육 평준화를 내세우면서, 한편으론 명문학교 육성 정책으로 우수 고등학교를 지정해서 엄청난 재화를 쏟아 붓는 것을 보고 교육정책의 이율배반성에 고소를 금치 못하면서도, 우리 고성군에도 이런 기회가 와서 교육 시설이 획기적으로 개선되고 대다수 학생들이 혜택을 받으면서 국가나 지역이 필요한 인재로서 커 나갔으면 좋겠다는 생각이 간절하다.

옛날부터 학문과 올곧은 선비의 고장으로 이름난 함양은, 지금은 산업화의 영향으로 인적, 물적으로 심각한 곤란을 겪고 있는 대표적인 지역이다.

함양고는 무엇이 특별하기에 우수 고등학교로 지정되었을까. 예사롭지가 않다. 뭔가 남 다른 특색이 있을 것이다. 그것이 우리는 궁금했다. 고성군 교육발전위원회 이사장을 비롯한 임원들은 탐험자의 자세로 그곳으로 갔다.

고성군교육발전위원회는 군민 모두가 교육이라는 이름 앞에 무조건적으로 합의해서 만든 합의체 기구인 만큼 관심과 애정, 지원은 대단하다. 이 땅의 우리 아이들을 위해서 무엇인가 만들어야 한다는 천부의 사명감 때문에 자발적으로 참여해서 터를 닦고 있는 것이다.

고성군 교육발전위가 태동한 지 어언 3년이 가까워 오면서 괄목할 만한 성과를 보이고 있다. 기금이 자발적으로 모이고 교육발전에 대한 좋은 생각들이 쌓이고 있다. 이사장을 비롯한 임원들이 자기 직분을 타의 어떤 직분보다 명예스럽고 소중하게 생각하고 있는 것 같다. 교육이라는 무형의 실체를 알려고 함양고를 견학 간 것도 그러한 뜻이 크다고 본다.

우리가 함양고를 방문하여 느낀 것은 학교의 외양은 기대 이하였다. 학교의 위치도, 기존 시설도 우리 지역 학교들보다 못해 보였다. 그러나, 특별한 것은 그 지역의 군수께서 지역 교육문제에 특별하게 관심이 있어 적극적으로 지원한 결과가 대단했다.

예를 들면 군수가 기업체와 연결하여 기숙사 건립을 기증받은 것이라던가, 열악한 재정 사정에도 불구하고 학교에 예산을 지원하여 학부모의 부담을 덜게 하고 아이들이 안정적으로 학업에 열중할 수 있도록 만든 것은 군수의 교육에 대한 철학이 확고했으며, 소신 있는 정책 수행의 결과였다.

거기에다가 그 학교의 교장선생님 이하 전 선생님들의 헌신적인 노력도 큰 몫을 하였다. 교장 선생님이 그 지역 출신이고, 교육 철학이 투철한 분이었다. 최고 경영자의 역할이 얼마나 크고 중요하다는 것을 절실하게 느낄 수가 있었다.

우리 고성도 희망이 있다. 함양보다도 조건이 훨씬 낫다. 오죽하면 전국에서 인재의 고장하면 고성 아니던가. 한때는 사무관 이상 국가 공무원이 전국에서 가장 많은 곳이 고성이었다.

가난해도 교육에 대한 투자는 부자다.

인재의 기氣가 서린 곳이다. 그만큼 인물이 태어날 수 있는 조건을 타고난 곳이다. 고성 사람들은 하나같이 인물이 좋고 건강하다. 무엇이 이토록 많은 인물을 배출했을까. 곰곰이 생각해본다. 무슨 근거가 있을 것이다. 자연의 순리를 캐는 과학인 풍수지리학적인 관점에서 보면, 문득, 떠오르는 생각이 이마를 탁! 친다. 맞다. 이 땅이 왕도의 땅이라는 사실이다.

왕도의 땅이며, 여성의 자궁 같은 허브의 땅이다. 자궁은 생산의 의미이다. 그렇구나. 그래서, 사철 기후가 투명하고, 열매가 잘 여물고, 인물이 번성하는 땅이구나.

사람이 잘 태어나는 것도 큰 복이다. 그리고, 사람을 키우는 것만큼 더 큰 교육은 없다.

교육은 가르치는 것도 중요하지만 바르게 인도하는 것도 더 큰 교육 투자다. 되로 주고 섬으로 받는 것이 교육 투자다.

지방화시대, 이젠 교육은 지방의 몫이다. 지방정부가 중심축이 되고 학교, 학부모, 지역주민이 교육공동체 정신으로 지방교육을 살려 나가야 한다.

이제는 지방이 필요한 인물은 지방이 키워서 써 먹어야 하지 않을까. 그래서 확산에서 수렴으로의 순환이 빨라야 한다. 외지로 나갔던 인재들이 이제는 지방으로 돌아와 자기의 능력을 아낌없이 발휘할 수 있는 시대, 서울이라는 개념이 보편화되고, 자기가 있는 곳이 세계의 중심이고, 세계가 지방이고 지방이 세계인 시대가 뚜벅뚜벅 다가오고 있다.

새삼, 저무는 노을 속에 신비스러운 영채를 띠고 있는 소가야 고분군을 바라보면서 우리가 지금까지 찾아 헤매었던 세계의 중심이 바로 여기였구나! 하는 희망을 감지하는 가슴 떨리는 황홀한 순간이었다.

시골 만세, 촌아이 만세!

참으로 오랜만에, 나의 모교인 대흥초등학교에 갔다. 우리 형제자매들의 모교이며, 우리 두 아이의 모교이다. 그만큼 우리에겐 소중한 인성의 터전이며, 큰 바위 얼굴과 같은 존재다. 그날, 그 기상에 찬 함성이 들리는 것 같다. 아이들 학교 다닐 때는 자의든 타의든 관심을 가지고 자주 갔었는데, 아이들이 졸업하고 나니까 약간 소원해진 편이다.

이번에는 학교 행사 즉, 소규모학교 협동교육과정 운영사례발표가 있었다. 내가 이사로 있는 (사)고성군교육발전위원회에서 이 프로그램에 예산을 지원했다. 동문 겸 참관 자격이다. 오랜만에 학교 소식도 궁금하기도 했으며, 친정에 가는 마음같이 약간의 설렘이 일었던, 오랜만에 특별한 시간이다.

나의 모교인 대흥초등학교는 언제 봐도 풍요롭고 편안하며 아름답고 힘찬 기상이 서린 곳이라는 느낌이 든다. 지금 생각하면, 그 당시 가난했지만 산자수명의 좋은 기운을 먹고 자란 활력에 찬 학창생활이 그리워진다. 그때가 참으로 행복했었으며, 지금 이곳에서 학창생활을 보내고 있는 아이들은 더욱더 행복해 보인다. 학생 수 30명, 교직원 18명, 좋은 환경, 골고루 갖추어진 학습자재, 깨끗한 급식시설, 부모 같은 선생님, 아이들은 왕자 · 공주이며, 왕실교육, 귀족교육이다. 우리가 학교 다닐 때는 학생수가 8백 명, 천명까지 되었었다. 운동회하는 날은 동네에서 일 년 중에 최고 큰 잔치였으며, 천여 명의 아이들과 학부모들, 동네 사람들로 합쳐 수천 명이 뿜어대던 그 뜨거운 열기와 함성은 며칠을 가도 식을 줄 몰랐다. 등하교시에 최고 학년의 선배가 선두가 되어 깃발을 들고 수십 명에서, 수백 명이 줄을 지어 논두렁을 타고 학교를 오고가던 행렬이 지금도 추억 속에 아른거린다. 그런 학교가 지금은 학생수가 30명(유치원 포함)이다.

정말 격세지감이 든다. 그것도 올해에는 신입생을 채우지 못할 형편이 되어서, 교장선생님께서 3명을 다른 지역에서 데려와 입학을 시켰다고 한다. 통학버스 노선이 제한되어, 이 아이들을 교장선생님이 자신의 승용차로 태워오고 태워준다는 것이다. 하루 이틀도 아니고 보통일이 아니다.

고성군내에 20개 초등학교가 있는데 그 중에 100명 미만의 소규모 학교가 15학교가 된다고 한다. 고성군 내 전체 초등학생 수 2천9백여 명 중에 고성읍 소재 학교(고성초 1,031명, 대성초 754명)에 60%까지 차지하고 있으며, 갈수록 비정상적인 비대현상이 일어나고 있다. 농촌 지역 학부모들이 고성읍 학교에 자녀를 보내기를 원하는 것도 주원인이겠지만, 근본적인 것은 갈수록 공동화되는 농촌 현실에 가중되는 시골 학부모의 두려움 때문이다. 적어도 시골학교에 학생수가 100명 정도는 되어야 하는데, 공동화로 자기 아이들이 경쟁에서 소외될까봐 불가피하게 고향을 떠나기도 하고, 궁여지책으로 읍 소재 학교로 보내는 것이다. 읍 소재 학교 역시 학생 수가 과도하게 많다 보니 아무래도 학습조건이나 교육환경이 열악해질 수밖에 없고 학생 수도 포화 상태이다. 지역, 학교와 학부모가 공동으로 피해를 입고 있는 것이다. 읍 이외의 지역, 대체로 인구가 집중된 지역인 하이, 동해, 거류 지역엔 학생수가 100명에서 200명 가까이 되고 있으며, 그 이외 대부분 학교는 30명에서 60명 이내이고, 19명이 되는 학교도 있다. 이들 학교는 언제라도 닥쳐올 폐교 위기에 처해 있으며, 소규모학교 협동교육과정 운영도 이러한 위기의식에서 자구책으로 운영되는 과정이라고 볼 수 있다.

인근 영현초(학생수 19명)와 협동화하는데, 매주 화, 수요일에 협동교육과정을 전일제로 운영하고 있다. 기간도 일 년이다. 원어민 보조강사의 활발한 지도며, 선생님들의 학습활동의 지도안도 다양하고 내실있고 과학적이다. 나는 처음에 단기 과정인 줄 알았다. 두 학교 교장선생님과 선생님들의 열정과 성의가 눈물겨울 정도인데 이러한 교육열성을 보여줄 수 있는 여건만 조성해준다면 정말 왕실교육, 귀족교육이 아니겠는가. 좋은 학교 만들기는 이분들만의 역할로는 한계가 있으며, 지자체, 지역주민, 동문회가 진정으로 관심과 애정을 가지고 시골 학교를 살릴 수 있는 방안을 만들어내야 할 것이다.

새로운 것도 아니지만, 나는 문득 이런 생각을 해 본다. 우리 학교의 경우는 유학기숙형 학교로 만들어 외지에 있는 학생들을 유치할 수 있는 프로그램을 만들면 도농이 상생조화를 이루는 좋은 학교가 될 것이라고 생각된다. 이 프로그램을 실천하기에는 공교육만 가지고는 한계가 있을 것이다. 무엇보다 지자체의 의지, 지역주민, 동문의 협력으로 이루어진 교육공동체 구성이 필수적 요건이다. 시골이라고 기피하지 말자. 조화로운 경쟁원리만 주어진다면 시골만큼 이상적인 교육환경도 없다고 생각한다.

부언하자면 역대 유명 인물들, 현존하면서 이름을 날리는 인재들은 대부분 시골 출신들이다. 전 · 현직 대통령부터, 각계각층에 이름을 날리는 분들의 면면을 보면 거의가 시골 출신들이 아닌가. 이제 거의 사문화되다시피 하고 있는 전근대적인 정책인 지역학군제를 이번 기회에 과감하게 폐지해야 한다고 본다. 학군제가 폐지되면 학생 수의 격차가 더욱더 벌어지지 않을까 우려하지만 기우가 될 것이다. 각 학교마다 학교경영 전문가제도(차선책으로 운영위원회를 이런 방향으로 활성화시킴)를 도입한다면 학교 발전 및 학생 수 수급문제는 차츰 해결되지 않을까 하고 생각해본다. 시골 아이들이여, 기죽지 마라. 너희들이야말로 세계가, 국가가, 지역이 필요로 하는 준비된 녹색의 미래다. 시골 만세, 촌아이 만세!

장한식 선생(통영 출신, KBS 정치부 기자)이 쓴 《이순신 수국 프로젝트》란 저서를 통해서 현시점에서도 공감대가 형성되고 있는 이충무공의 수국 프로젝트가 지방 정부의 입장에서 재조명하여 실천할 방안이 있겠다는 희망에서 공유하고자 한다.

水國과 지방정부

충무공 이순신은 모든 면이 뛰어난 분이다. 특히 전략가로서는 세계 해전사에 불멸의 인물이지만, 무엇보다도 그 위대한 애국, 애민정신이야말로 후인에게 두고두고 마음을 가다듬게 하고 있다.

역사적으로 이분에 버금가는 인물들이 왜 없을까마는 우리들이 변함없이 이분을 흠모하는 이유 중에 하나가 지금도 후세인들이 실천해야 할 위대한 교훈이 되고 있는 백의종군의 행장이다. 풍전등화보다도 더 힘이 없었던 사직에다 반대파들의 끊임없는 시기와 중상, 모략, 선조임금의 병적일 정도의 의심과 견제에도 한 점 흔들림 없이 지켜온 애국심이 눈물 날 정도로 숭고하다. 조금이라도 자기 이해에 맞지 않으면 변절과 배신을 밥 먹듯이 하는 요즘 같은 세상에 인간적이면서 위대하기까지 한 그 인고의 행장은 정말 슬프고 장엄하기까지 하다.

요즈음 정치인들은 자신에게 어렵고 곤란한 일을 당하면 부담 없이 사용하는 말이 백의종군이다. 말은 백의종군하겠다고 하지만, 속은 전혀 그렇지 않아 보인다. 그렇게 말하는 사람들을 보면 너희들이 정말 백의종군의 의미를 아냐고 쏘아주고 싶다. 백의종군은 온화함과 신중함으로 절제된 선비정신에서 그 의미를 찾을 수가 있다. 선비는 원칙을 중시하면서도 만물을 포용하고 사랑한다. 여기에서 진정한 애국심과 애민심이 나온다. 이것이야말로 진정한 백의종군 정신이다. 앞으로 한려수국의 정체성은 이 백의종군의 정신에서 찾아야 한다. 이러한 정신이 바르게 심어지고 계승될 때 우리 지역과 국가는 업그레이드된다.

또한, 이충무공의 업적 중에 새롭게 조명해야 할 부분이 한산수국 건설이다. 이것은 전설의 땅이 아니라 그 당시 이 충무공이 건설한 물의 나라이다. 오늘날의 한려해상공원지역 일대, 당시 3도수군통제사 관할지역이다. 전체 조선의 3분의 일 정도 되지만 조선의 핵심이 되었던 또 하나의 나라다. 일본과의 7년 전쟁으로 초토화된 조선의 땅에 희망처럼 떠오른 한산수국. 처참한 전란의 상흔에 유령처럼 떠도는 백성들이 이곳으로 모였고, 조선수군이 강력수군으로 새롭게 정비되어 막강한 힘을 발휘해서 왜침을 차단시켰던 성역지이다.

이충무공은 조정으로부터 둔전을 할양받아 떠도는 백성들을 안착시켜 농사를 짓게 하였다. 당시 국가로부터 군량미나 부식을 전혀 지원받지 못한 상황에서 앞을 내다본 창조적 생각이며, 애민심의 발로이다. 강력수군의 보호 아래 백성들은 안심하고 농사를 지어 식량과 부식을 자급자족하고 군량미를 확보하였다. 하루에 수백 석의 군량미를 조달해야 할 상황에서 국가의 입장에서나 당시 수군의 처지에서 보면 정말 다행스러운 일이다.

당시 나라도 이충무공이라는 인물을 만난 것을 보면 망국의 운은 아니었던가 보다. 한편 어민들에게 고기를 잡게 해서 부식을 확보하고, 또한 거래한 기록도 있다.

고기, 해산물을 잡아 가공해서 외부에 내다 팔아 필요한 물자를 조달하고, 천일염을 제조하였다는 기록을 보면서 상행위나 무역이 이루어지고 있었다는 것을 알 수 있다. 여기서 이충무공의 탁월한 창조적 경제마인드의 실천을 엿볼 수가 있다. 특히 철제 무기와 철전함(거북선)을 생산 건조해서 실전에 사용했다는 기록을 보면서 오늘날 우리 지역이 세계적 조선 메카로서 위용을 과시하게 된 것도 이러한 역사적 사실과 연관이 있다고 볼 수 있다.

놀랍게도 이곳에서는 국가가 못 다한 국가 행정시스템이 이동해 와서 가동이 되고 있었다. 작지만 핵이 있는 또 하나의 국가가 가동되고 있었던 것이다. 오늘날의 지방정부와 비교해 보는 것도 의미가 있다고 볼 수 있다. 그리고 재조명되어야 한다고 본다.

과연 전란 중에 이러한 제도의 가동이 가능했을까 하는 의문과 경이로움이었다. 이충무공의 이러한 열린 마인드가 없었다면, 당시의 사직은 지탱될 수 있었을까.

그 대량의 수군과 백성들의 식의주의 해결은 물론이거니와 난중의 백성들의 민심까지도 수습하였으니 이 얼마나 위대한 애국 애민 정신인가.

이충무공의 위대한 행장이 서린 우리 지역이야말로 앞날의 서기가 가득 서린 성스럽고 자랑스러운 한산수국이며, 우리들이야말로 진정 백의종군의 정신을 이어받을 자랑스러운 후예들이 아니겠는가.

따라서 이 충무공의 한산수국 건설의 역사적 재조명을 통하여 지방정부 건설의 튼튼한 골격을 잡아나가는 것이 지방자치시대 지방정부 지도자들이 가다듬어야 할 시대정신이 아닐까 깊이 생각해 본다.

※이순신은 〈한산도閑山島 야음夜吟〉이라는 한시〔수국추광모水國秋光暮〕에서 한산군영을 수국水國에 비유하였다.

황금알을 낳는 거위

지자체마다 경영수익사업을 의욕적으로 하고 있다. 지방재정 확충을 위해서이다. 다들 성공한다면 얼마나 좋겠냐만 그러하지 못해 안타깝다. 성공과 실패의 요인이 대부분 무리한 투자와 방만한 경영이다. 행정마인드가 경영 마인드에 적절히 접목되지 못했기 때문이다. 이러한 실패들이 지방정부의 재정에 심각한 타격을 주면서 중앙정부의 국가재정 운용에도 큰 부담을 주고 있다. 자식의 사업실패의 부채를 부모가 대신 갚아 주는 꼴이 되어 버렸다.

외국 같은 경우에는 지방정부의 파산 사례가 가끔 있다고 하는 데 앞으로 우리나라에도 그러한 사례가 적용될지도 모른다. 우리나라 지자체들 대부분이 재정자립도가 낮아 지방정부의 역할을 제대로 못하고 있다. 그래서 재정자립도를 높이는 방안을 강구하는데 답은 간단하다.

국가 재정에 의존하지 않으면 된다. 현실적으로 불가능에 가깝다. 지자체의 예산 규모가 해가 갈수록 불어나고 있는 상황에서 재정자립도를 높인다고 예산 규모를 축소시킨다면 대다수의 지자체가 문을 닫을지도 모른다. 할 수 없이 이제는 빚을 내어서라도 살림을 꾸리지 않으면 안 되는 실정이다. 얼마나 유능한 지방정부의 CEO가 들어와서 알뜰 경영을 해서 저비용 고효율로 잘 꾸려 나가느냐에 따라서 성패가 좌우된다.

우리 지역(통영 · 고성)에도 지역적인 특색을 잘 살린 두 개의 경영수익 사업이 있다. 통영의 케이블카 사업과 고성의 공룡세계엑스포 사업이다. 이 두 개의 사업은 이미 지역의 대표적인 브랜드로 자리 잡고 있다. 통영 케이블카 사업은 시행 초기부터 일부 환경단체와 특정단체의 반대로 사업 수행 과정에서 큰 어려움을 겪었다. 지금은 통영관광수익(직간접 수익)의 지존으로 통영재정의 큰 효자 노릇을 톡톡히 하고 있다.

혹자는 이 사업을 황금알을 낳는 거위로 비유하기도 한다. 그동안 통영은 부의 중심축이었던 조선 산업 과 수산업의 침체로 어려움을 겪었었다. 이제는 이 효자 사업으로 인해서 한 해에 수백만 명의 관광객이 케이블카가 타고 싶어 몰려오고 있다. 날마다 하늘 잠자리처럼 돌아가는 저 작고 아름다운 곤돌라가 통영시민들에게 부와 문화의 자존심을 만들어내는 명품 브랜드가 되고 있다. 이러한 성공의 과정들이 쉽게 된 것도 아니다. 필자가 잘 아는 윤맹수 군(당시 통영시 케이블카 사업담당)도 사업추진과정에서 과로로 운명을 달리했다. 남의 떡은 커 보이고 쉬워 보여 우리도 하겠다는 식의 최근의 몇몇 지자체들의 접근방식을 보면서 과거의 시행착오로 실패한 사례들이 다시 재현되지는 않을까 걱정된다.

고성의 대표적 브랜드는 공룡이다. 이 공룡을 컨셉으로 1995년부터 야심차게 시작해 지금까지 꾸준히 발전시켜 오고 있다. 어찌 보면 절반의 성공이라고밖엔 볼 수 없지만 이제 공룡하면 대한민국 고성이라는 확실한 특허(?)를 획득한 셈이다. 민선 자치 1, 2기에는 공룡을 브랜드화하는데 주력했다면 3, 4, 5기에는 공룡 브랜드의 실체를 형상화해서 경영수익사업과 잘 접목시켜가고 있다는 평가다. 두 차례의 엑스포 행사를 통해서 막대한 투자비와 무리한 운영방법으로 다수의 문제점이 제기되었으나 서서히 좋은 시너지 효과가 나타나고 있다. 2012년의 엑스포에는 거품이 빠진 좀 더 창의적이고 실용적인 아이템이 도입되어 고성 재정과 문화의 방향이 결정되는 명품브랜드로 확실하게 자리매김했으면 한다.

지금까지 우리 지역의 두 개의 경영수익사업을 사례를 들어 얘기했는데, 먼저 이 두 개의 사업들의 공통점으로는 일관성 있는 추진과정을 통해서 변화와 발전을 도모했다는 사실이다. 통영은 이미 통영관광개발공사라는 지방 공기업을 설립해 유능한 CEO를 영입해서 전문경영시스템으로 앞서 나아가고 있다. 고성 역시 내년 엑스포가 끝나면 전문경영시스템의 도입을 검토해봐야 할 시점에 와 있다. 무엇보다도 이 조그마한 농어촌에 잘만 하면 자손대대로 먹고살 수 있는 관광시스템이 활발하게 가동되고 있다는 사실 하나만이라도 대단히 놀랍고 신기한 일이 아닐 수 없다. 앞으로 통영과 고성의 이 효자사업들이 저마다의 특색을 이상적으로 접목시켜 더 큰 상생의 효과가 극대화되기를 바랄 뿐이다.

농심農心공동체 회복의 길

— 자연농업학교에서 자연농업교육을 받고와서

자연농업 교육을 받으러 갔다. 고성에서 서너 시간 걸리는 꽤나 멀고 험한 곳에 위치한 자연농업학교(충북 괴산군 소재), 겉보기엔 허술해 보이는 폐교를 교육시설로 활용하고 있는 이곳에는 밤낮으로 끊임없이 경이로운 역사가 계속되고 있다.

언제부터인가 사람들은 자연을 자신들이 마음대로 소유할 수 있는 존재라고 착각해 왔다. 정말 오만하고 위험한 생각이다. 나 역시 지금까지 그렇게 착각하면서 살아왔는데, 이곳에서 교육을 받으면서 심히 부끄럽게 생각되었다. 그동안 지도자로서, 행동하는 지식인으로서 제대로 역할과 사명을 다해왔는지, 자성을 할 수 있는 좋은 기회였다. 이번 자연농업교육은 나에게 있어서 특별하고 소중했다. 우리가 206기 교육이니까, 그동안 면면히 역사와 전통과 노하우가 착실하게 축적된

교육이다. 단체로 온 우리 일행뿐만 아니라 전국 각지, 아니, 미국에서도 달려왔다. 직업도 다양하다. 의사, 교수, 농업인들, 그러나 공통점은 농심農心을 찾겠다는 의지다. 모두가 하나가 되는 기분이다.

좀 불편한 시설인데도 전혀 불평도 없다. 지금까지 호텔식 교육에 젖어 있던 타성을 발가벗겨 버렸다. 하루 두 끼 식사(이건 튼튼한 위장 활동을 위해), 13시간 이상의 마라톤 강의와 강의 후 자유토론(숙소에서 교육생 간에)은, 그동안 나의 무지와 탁한 양심, 그리고 영혼을 흔들어 깨우기에 부족함이 없었다. 교육 내용이 특별히 새로운 것도 아니다. 단지, 내가 모르고 있었던 진실을 알고 느끼고 찾아 내 속에 담아 넣을 수 있다는 것뿐이다. 나와 같이 교육받은 120여 명의 교육생들도 마찬가지일 것이다. 전혀 지루해하거나 불평하거나 이탈하는 사람도 없다.

특히 우리 일행들의 교육열은 놀랍다. 거의가 농업에 종사하고 있는 사람들이라 질서의식이 부족할 거라고 생각했는데, 전혀 그렇지 않다. 자유스러운 분위 속에서 질서를 지킬 줄 아는 모습이 보기 좋고 친근하다. 많이 배우고 느낀 점이 많다. 강의 끝나고 숙소에서 피곤도 잊고 토론하는 모습은 정말 희망적이다. 우리 부군수께서도 같이 받았는데, 가족처럼 변함없고 믿음직스럽다. 머잖아 공직을 마칠 분인데, 특별한 신념이 없으면 이런 교육을 받지 않을 것이다. 정말 시작도 끝도 없는 교육이었고, 비록, 육체는 고달프지만 마음이 맑아진다. 감동으로 다가온다. 진실의 힘이 물 흐르듯이 농심農心으로 천심天心으로 통한다. 농사는 천심이고, 사명감의 실천이라고 했다. 그래서 농사의 사는 일 '사事' 자가 아니고 다할 사使자라고 역설한다.

그렇다. 농심農心만 회복하면 농업기술은 자연스럽게 터득될 것이다. 현재, 전 지구적으로 자연의 위기이고 농업의 위기가 계속되고 있다. 국가, 지역 역시 예외는 아니다. 갈수록 지구는 황폐화, 사막화되고, 농지는 죽어가고, 농가는 빚더미에 무너지고 농심農心공동체는 사라져 가고 있다. 누가 누굴 탓할 때가 아니다. 이제부터 우리 스스로 원죄의식을 가지고 살 길을 찾아야 한다. 어렵게 생각하지 말고 옳다고 확신되면 실천할 수 있는 것부터 행하자. 실천만이 힘이고 지혜이다. 우리 군수께서도 현재 우리 농업의 위기를 느끼고 살길을 찾으려고 애 쓰고 있다. 무조건 색안경을 끼고 보지 말고, 협조할 것은 협조하고 잘못하는 것은 고쳐 나가면서 성적표(?)를 매기면 된다.

이제, 이 위기를 지도자와 농업인, 지역민이 농심공동체로 뭉쳐서 해결해야 한다. 답은 나, 그리고 우리들이 겸허한 마음을 가질 때 나온다. 스스로 대의를 위해 노력하고 고민하고 실천할 수 있다면 자신도 모르게 깨달음의 지혜에 도달할 수 있다. 지금 시작해도 늦지 않다. 조급하게 생각하지 말고, 겸허한 마음으로 차근차근 착실하게 준비한다면, 자연도 하늘도 우리를 도울 것이다.

유학의 길

고성군이 미국 유학길을 개척(?)했다고 한다. 전국적 지방적으로 대대적인 언론의 바람을 탔었다. 군민들의 기대도 대단했다. 특히 전국 제일의 교육도시 건설이라는 고성군의 교육정책에 회의적인 사람들도 이번 경우에는 공감하고 기대를 하는 눈치였다. 지금 시대에 미국은 아메리칸 드림을 꿈꾸었던 그 옛날의 미국은 아니다. 그러나 자녀 교육에 말 못할 홍역을 치르고 있는 농촌지역의 학부모 입장에서는 기대를 가질 만하다.

고성군과 자매결연한 미국 글렌데일 시와 유학 교류를 하겠다는 것인데 공신력이 있어 긍정적이다. 요즘 얼마나 유학 브로커들이 많은가. 잘못 걸리면 아이들을 망칠 수도 있다. 고성군이 공식적으로 유학프로그램을 가동해서 행정적 지원을 하겠다는 데 얼마나 믿음직한 일인가.

옛날에는 특출한 인재들만 유학을 갔었다. 그러나 지금은 어학연수는 보편적이고 조기유학으로 인한 기러기 가정, 국내 대학에 못 갈 형편의 아이들이 면피용으로 가는 경우도 많다. 잘 적응을 해서 성공하는 경우는 소수이고 대부분 아이들은 실패한다. 필자가 아는 어떤 분의 자식은 미국에 있는 친한 지인의 소개로 자기 아들을 유학 보냈는데 적응을 못해 대인 기피증에 걸려 결국 스스로 목숨을 끊었다. 부모의 관리 소홀, 유학 브로커의 탐욕적 이기심과 부도덕, 그리고 잘못된 유학만능이 빚어낸 결과였다. 이번 고성군의 유학정책은 이런 문제점을 잘 보완하고 내실 있게 추진하면 좋은 성과를 낼 것이다.

입시의 계절이다. 입시생을 둔 학부모는 물론이고 전 국민적 관심사이다. 그러나 전에는 전쟁처럼 살벌했지만 지금은 축제의 기분도 느낄 수 있다. 정말 발전적 진화다. 그만큼 우리나라의 교육이 내실을 갖추면서 실용적으로 발전하고 있다는 증거다. 학교 역시 예전처럼 성과 위주의 합격생을 내지 않는다. 먼저 아이들의 생각이 바뀌고 있다. 학교보다 전공을 우선으로 생각한다. 대학 자체보다는 대학의 전공학과를 더 중요하게 생각하고 선호한다. 그리고 우리나라만큼 아이들을 배려하는 나라가 어디 있을까. 수능 치는 날은 국가와 전 국민들이 긴장이다. 옛날에는 고통스러운 순간이었지만 차츰차츰 즐거운 긴장으로 바뀌어가고 있다. 생각해 보라. 입시생을 위해서 전 국민, 전 기관들이 출퇴근 시간을 늦추는 나라, 특히 듣기시험시간에는 시험에 방해될까봐 소음 및 비행기 이착륙 시간도 통제하는 나라, 이 지구상에 우리나라

말고 어디 있는가. 입시축제다. 역동적이면서 아름답고 자랑스러우며 희망적이다.

미국 대통령 오바마가 우리나라의 교육제도와 정책에 대해서 침이 마르도록 찬사를 아끼지 않는 것은 이런 이유 때문이다. 오바마는 유학 출신 성공사례의 대표적 인물로 알고 있다. 그가 진정으로 한국의 교육을 부럽게 생각하는 것 자체가 우리나라 교육이 희망과 비전이 있다는 메시지다.

이제 교육은 국가교육의 차원을 떠나 지방 교육이다. 교육이 단기간 내에 성과를 볼 수 없기 때문에 하나의 교육 정책이 만능도 아니며 정책입안자와 집행자 역시 수호천사는 아니다. 전문가 중에 가장 위험한 전문가가 교육전문가라는 웃지 못할 비아냥도 되새겨 보아야 한다. 제일 믿을 수 있는 교육전문가는 부모다. 부모의 입장에서 애정과 관심을 가지고 자식을 보면 자식의 미래를 볼 수가 있다. 부모와 가정에서부터 건강한 인성이 만들어진다. 그리고 학교와 교사, 제도와 정책이 유기적으로 자연스럽게 순환되어야 한다.

요즘같이 지구촌시대에 유학교육이란 체계적인 과정에서 신중하고 투명하게 접근해야 한다고 본다. 고성군도 성과에 연연해서 유학 교육이 전국 제일의 교육의 표본인 것처럼 호도해서는 안 될 것이다. 기업의 흥망은 단기간에 나타나고 인수교체도 가능하지만 잘못된 유학교육은 장기적으로 서서히 망가져 버린다. 뒤늦게 누구에게 하소연하고 책임을 물을 것인가. 그리고 군민들은 물론이지만 아이들과 학부모들도 이번 고성군의 유학 정책에 객관적 현실적 기대치를 가지고 접근해야 한다. 군은 유학교육에 대한 제도적 범위에서 학부모와 군민들에게 공신력 있는 행정적 지원을 해야 한다. 앞으로 군과 학부모, 학생, 그리고 학교가 교육공동체 의식을 가지고 이 기회를 내실있게 잘 활용한다면 진정으로 글로벌 고성으로 나아가는 데 좋은 계기가 될 것이라고 본다.

무엇보다도 학생 교류 프로그램을 잘 개발 시행한다면 앞으로 학생 스스로 유학 갈 수 있는 건강한 힘을 키우는 데 괄목할 만한 성과가 날 것이라고 본다. 앞으로 우리가 생각하는 유학이란 배우기 위해서 가는 것이 아니라 새로운 것을 알기 위해서 가야 한다는 것을 스스로 느낄 수 있게 말이다.

네 가지

고성읍 현 청사 활용방안에 대한 주민공청회가 있어서 참석을 했다. 세간에 관심도가 큰 사안이라 지역민들이 많이 참석했다. 고성군이 재정적으로 넉넉하지 못할 터인데, 지역 주민들을 위해서 공익적 활용방안을 세우는 것이 반갑다. 현 청사를 포함해 고가의 부지를 지역 공익을 위해서 활용할 수 있도록 공청회를 열어 주민 의견을 묻는다는 자체가 참으로 민주적이고 발전적이다.

군에서는 네 가지 방안을 제시했다.

첫째가 쌈지공원 조성 안이다. 이것은 고성군이 읍사무소 이전 조건으로 지역민들에게 약속한 안이라고 한다. 꼭 지켜야 한다는 것이다. 공신력을 묻는 것이라 명분 있는 주장이다. 두 번째는 매각한 후에 대체 취득한다는 안이다. 매각 시 30억 원 수입이 예상된다고 한다. 열악한 고성군의 재정 형편에 매각을 해서 신청사 건축비에 충당하여 부채 부담을 줄이자는 것이다. 현실적이고 실리적 안이다. 해결 방법도 쉽다. 이 안은 지역민들의 강한 반대에 부딪쳐 물러선 것 같다. 작전상 후퇴는 아닌지 모르겠다. 행정의 공신력이 적잖게 실추되었다는 것이 문제다.

세 번째는 공용 주차장을 조성하자는 안이다. 혹자는 주차타워를 짓자고 하고, 주차기능과 휴식기능을 겸한 퓨전식(?) 공간을 조성하자는 안이다. 한편에서는 청소년 탈선, 우범화가 우려된다는 주장이다.

네 번째가 읍 보건지소를 설치하자는 안이다. 읍내의 범위가 넓고 고령층 인구가 증가하는 현시점에서 보건소 이용이 불편하니까 현 읍 청사를 보건지소로 활용하자는 안이다. 참석자들에게 상당한 호응을 얻었다. 그리고 지지층이 계획적이고 조직적이다. 법적인 문제인 조례개정도 가능하다고 한다.

위와 같은 문제를 놓고 고성군의 어려움이 상당할 것이다. 담당자의 고민 또한 클 것이다. 주인 없는 공청회, 책임질 대상이 없는 것 같아 아쉽다. 뭔가 헛돌고 변죽만 울리는 것 같다. 고성군이 읍 청사 활용에 대한 확실한 청사진을 제시해야 한다. 정직하고 솔직해야 한다. 그래야 소통하고 신뢰받을 수 있다. 어찌 보면 엄청난 계획인데도 단순하게 주민 의견만 묻는다는 것에 믿음이 서지 않는다. 행정이 책임질 수 있는 자세로 당당하고 솔직하게 지역민들과 소통해야 한다. 뭔지 저의는 숨기고 있으면서 시간 끌기나 꼼수 놀이 한다는 오해를 받아서는 안 된다.

결론적으로 현 청사를 매각해서는 안 된다는 주장이 압도적이다. 그나마 작지 않은 성과다. 앞으로 군은 읍 청사를 매각을 할 수 있는 명분을 잃어버렸다. 일방통행에 대못(?)을 박은 셈이다. 대신 읍청사의 활용방안에 대해서 공익적, 경제적, 그리고 지역 친화적인 방안이 나와야 할 것이다. 약간은 두서없고 어수선했지만, 모처럼 활기찬 공청회가 아니었나 생각된다.

오래된 정원

지금 고성읍내 중심가에선 보도블록 교체공사가 한창이다. 해마다 연말 무렵이면 관행적으로 하는 것 같아 안타까운 생각이 든다. 2호광장을 중심으로 제법 쓸 만한 보도블록을 모두 걷어내고 새 보도블록으로 갈아입히고 있다. 전에 것보다는 모형도 대리석 형이고 가격도 비싸 보인다. 가로수도 심는 모양인데 사업비 자체도 만만찮을 것이다. 재정이 어려워 군의회 의원 의정비도 스스로 동결하는 입장에서 보면 여유가 있어서 하는 것인지 사업의 우선순위가 어디에 있는지 헷갈린다. 시행하는 과정에서 일부 지역민들과 충돌을 하곤 했다는 지역 언론의 보도를 접하면서 비협조적인 지역민에게 서운한 감정보다 그 충돌의 원인이 어디에 있는지 돌아볼 필요가 있다고 생각한다.

그동안 고성읍 시가지는 외형적으론 꽤나 변화와 발전을 보인 것 같다. 특히 도로가 많이 개설된 것이 대표적인 예인데 보기는 사통팔달로 도로가 나서 주민들이나 군민들이 왕래하기가 편하게 보일 수도 있지만 체감효과는 별로 없다는 데 문제가 있다.

민선 지방자치시대 20년이 지나가지만 고성군의 중심도시인 고성읍은 그 고유의 소도시 정체성이나 유명세를 제대로 갖추면서 개발되지 못하고 있는 것 같다. 남산, 고성장 마당, 철둑, 성내리, 숲, 하천 등 각 지역의 고유성을 살리면서 현대적 조화를 갖추는 형식의 잘 짜여진 디자인계획이 이루어졌더라면 한국의 명품 소도시로 거듭나 있을 것이라고 생각한다. 국 · 도비 내지 군비를 많이 투자한다고 좋은 작품이 만들어지는 것은 아니다. 돈을 적게 들이고도 얼마든지 편안하고 아름답고 알뜰하게 가꿀 수 있다.

아직도 고성읍은 여전히 복잡하고 불편하기 이를 데 없다. 예를 들자면, 어떤 집은 아무리 많은 돈을 들이고 꾸며나도 천박함이 드러나는가 하면, 어떤 집은 소박한 것처럼 보이면서도 깔끔하고 편안해보여 주인의 품위를 가늠해 볼 수 있다. 이러한 것들이 하루아침에 쌓여질 수는 없다. 긴 기간 동안의 고심과 노력, 그리고 열정의 결과 없이는 이루어질 수가 없다. 그 옛날 유서 깊은 고성읍의 전통과 역사를 잘 갈무리하여 오래된 정원으로 만들 수 있을 것이다.

군이 추진하는 고성 디자인 개선 사업이 외형적으로 생생한 보도블록을 바꾸고 나무를 새로 심는다고 해서 해결되는 것이 아니다. 새것으로 바꾼다고 다 좋은 것은 아니다. 오래된 정원을 가꾸어 가듯이 과거의 원형을 살려가면서 아름다움이 지속적으로 축적되어야 한다. 지역 주민과 같이 향수할 수 있는 일이야말로 애정을 받을 수 있을 것이다.

진정 고성읍을 건강도시, 편한 도시로 만들려면 주민들이 차 없이 걸어 다녀도 전혀 불편함이 없는 도시가 되어야 한다. 많은 사람들이 머물지 못하고 만들어 놓은 길 따라 흘러가 버리고 차량의 불법 주정차와 소음으로 가득 찬 도시가 지역민의 삶의 질에 과연 기분 좋은 쾌적함 Amenity을 줄 수 있겠는가.

고성읍을 전통과 역사의 생명력이 흐르는 도시로 만들어야 한다. 예산과 추진력도 중요하겠지만 먼저 현장경험과 철학으로 다져진 철저한 계획과 지도자의 비전, 소통의 리더십이 꼭 필요한 덕목이라고 생각한다. 거기에다가 지역민들이나 오피니언 리더들의 사심 없는 지역사랑이 비로소 고성읍이나 우리 지역을 전통 명품도시, 오래된 정원으로 만들 수 있다.

아내와 화장실

나의 아내는 결혼 초부터 요조숙녀, 현모양처 형이었고 실제로 그렇게 행동해 왔다. 그러나 나이라는 세월을 먹어감에 따라 지금은 약간씩 변해가고 있다. 인체 과학적으로 나이 들수록 남자는 여성화되고, 여자는 남성화되어 간다고 한다. 조물주의 자연스러운 조화라고 한다.

나는 아내의 남성화된 행동에 가끔씩 놀란다. 특히 남성화된 행동과 여성의 본능으로 돌아가는 아내의 카멜레온 같은 천부적인 변신으로 아내는 원더우먼처럼 서서히 단련되고 있었다. 어찌 보면 아내가 강해지고 단련되는 모습이, 우리 가족에게는 든든한 버팀목이 될 수 있다. 나는 아내의 남성화의 척도를 보고 다른 여성들의 남성화의 척도를 비교해본다. 남의 아내는 나의 아내보다 힘이 더 셀 것이라는 생각이 든다. 아내는 우리 가정과 가족을 완전히 장악하려고 들지는 않는다. 왜

냐하면 아직까지 우리 집에서 나의 존재, 남편이나 가장으로서의 존재가치는 무시할 수 없기 때문이다. 아내의 잔소리의 수위가 높아질 때쯤이면, 전략적으로 한방 물리력을 가하는 데(과장되게 큰 소리로 화를 냄), 그 상황에서 아내의 반응을 보면 나의 위치를 어느 정도 실감할 수 있게 된다. 아직까지 아내나 우리 가족에게 있어서 나의 존재가치는 상종가를 유지하고 있다. 이 위치가 언제까지 유지될지는 나 역시 짐작할 수가 없다. 나의 주위에 활동하는 여성들을 보면서, 가끔 너무강하다(?)는 생각이 들 때가 있는데. 그때마다 그들의 남편이 가정에서 처하고 있는 위치를 어느 정도 가늠할 수 있을 것 같아서 속으로 고소하곤 한다.

현재, 우리 집 식구는 나와 아내, 그리고 애완견 쭈쭈, 꽁이가 있다. 이놈들의 이름은 아마 의성어로 지어진 것 같다. 쭈쭈라고 이름을 붙인 데는 찡찡거린다고 해서 그런 것 같고, 꽁이는 꽁알댄다고 해서 소리 나는 대로 우리 아이들이 붙여준 이름이다. 그런데 이놈들의 신분은 단순히 애완견이라기보다는 자식 이상의 대우를 받고 있다. 우리 가족에서 차지하는 비중이 만만치 않다.

쭈쭈라는 놈은 젖먹이 때, 우연히 우리 집과 인연을 맺게 되었는데, 집안에서 자라라는 팔자인지, 신기하게도 입양 하루 만에 똥오줌을 가리는 것이었다. 그 뒤로 우리 가족들(나만 빼고)의 마스코트가 되었다. 꽁이라는 놈은 그 뒤에 데려왔는데, 입양의 목적은 순전히 쭈쭈 때문이었다. 쭈쭈 혼자 있기 외롭다고 친구하기 위해서 입양한 것이다.

그런데 문제가 생겼다. 꽁이라는 놈은 혈통에 비해서, 데려 온 지 며칠이 지나도 똥오줌을 가리지 못하는 게 아닌가. 교육의 기술이 부족했는지는 몰라도, 결국 실내에서 같이 키우지도 못하고, 마당에서 사는 신세가 되어 버린 것이다. 그렇다고 차별당하는 것은 아니었다. 아내는 밖에서 지내는 것이 마음이 안되었는지, 쭈쭈 이상으로 꽁이에 대한 애정은 각별하였다. 식사, 이발, 목욕, 의상, 예방접종 등 직접 챙겨주고, 더운 날, 비오는 날, 추운 날 보살펴주고, 어떤 부모가 저렇게 하랴 싶어, 지극한 동물사랑에 경탄해 하면서도, 상대적으로 나 자신이 왕따당한 것 같은 기분이 들 때가 있다. 하지만 한편으론 아내가 그들을 상대하면서 활기가 충만한 것을 보노라면, 생명의 가치와 사랑의 소중함을 느낄 수 있다. 처음엔 나도 이놈들을 별로 탐탁찮게 생각했으나, 지금은 정반대가 되어버렸다. 이놈들에게서 생명 사랑의 감정, 희로애락을 느낄 때가 있다. 이놈들과 같이 생활하고 나서부터는 살아 있는 것들에 대한 가치성과 소중함을 느낀다. 그리고 우리 가족의 서열에서 이놈들이 내가 1위라는 것을 인정하는 것을 느낄 때 은근히 기분이 좋아진다. 그렇게 우리는 서서히 이놈들과 교감하면서 동화되고 있었다.

다시 아내와의 관계로 돌아가자. 아내와 나는 다툴 일이 별로 없다. 내가 남자로서, 아버지로서, 남편으로서의 역할을 제대로 유지하고 있기 때문이다. 말은 안하고 표현을 안 하고 있을 뿐이지, 아내 역시 나에 대한 불만이 왜 없겠는가. 아내는 일상생활 속에서 나에 대한 불만요소들을 발견하게 되는가 보다. 그중에서 가장 크다고 할 수 있는 것은 화장실, 욕실 사용이다. 천성이 깔끔한 편인 아내는 화장실 사용과 욕실 사용에 대해서는 종종 불평을 하고 그것 때문에 나의 묵은 성질을 돋굴 때가 있다.

아내의 불만 1호, 2층 욕실 사용하면 세면대나 타일 벽에 때가 끼이는 데 이걸 내가 제대로 정리하지 못하고 지저분하게 사용하는 데 대한 불만이다. 처음엔 약간 나의 눈치를 살피는 기척이 있더니 차츰차츰 노골적으로 불평을 해댄다. 그러면 참고 있다가 나는 꽥 하고 고함을 쳐 버린다. 그러면 아내는 놀라서 쭈쭈를 안고 방으로 들어가 버리는 과정이 가끔씩 발생한다. 결국 싸움이 성립될 수 없다. 결국 일방적인 싱거운 판정승으로 끝나버린다. 그런데 결과는 서서히 나타난다. 아내의 잔소리 효과 덕인지 사워를 하고 나서 정리정돈 생각이 나 자신도 모르게 청소하는 것이 몸에 배이는 것을 느낀다. 잔소리의 효과일까. 교육의 효과일까.

아내의 불만 2호, 화장실 사용이다. 화장실 좌변기에서 소변을 보는데 서서 보기 때문인지 아니면 나이를 먹은 탓인지 조준이 잘 되지 않아 변기 주위에 오줌방울이 묻는다. 아니 아무리 조준을 잘한다고 하더라도 오줌 줄기가 세어지면 오줌방울이 튀는 것은 어쩔 수 없다. 문제는 사후 수습을 잘해야 하는 데 숙제를 남기니까 깔끔한 아내는 항상 불만인 모양이다. 화장실 갔다 오면, 확인을 하고 궁시렁거린다. 나의 생각은 이렇다. 부부가 뭐냐. 이런 걸 서로 이해하고 감싸 주지 않으면 어떡하겠다는 거냐고. 남편이 흘리면 아내가 닦아 줄 수 있는 배려가 없는 거냐고. 아내 속으로, '간 큰 남자' 피식, 웃는 투가 가소로운 모양이다.

"흘리지 않고 소변을 할 수 있는 방법이 있는데 왜 그렇게 하느냐고요."

"흘리지 않는 방법? 뭔데?"

내가 물으면 앉아서 소변을 보면 될 것 아니냐고 한다. 남자가 어떻게 앉아서 오줌을 누냐고 내가 대꾸하면, TV 보니까 남자도 앉아서 볼일 보게 한다더라고 왜냐면 좌변기이기 때문에. 아내는 나의 눈치를 슬금슬금 살피면서 충고한다.

일반적으로 남자는 서서 소변을 눈다. 이것이 일반적으로 개념화되어 있다. 그러다보니 집에서도 소변을 서서 누게 된다. 그렇다고 실내화장실에 소변기를 갖춘 가정이 적다. 그러다보니 좌변기에 소변을 누게 되고, 변기에 오줌방울이 튀게 되어 누렇게 그림을 그리게 된다. 생각해보니 아내의 생각이 옳다. 좌변기에서는 앉아서 소변하는 것이 당연한 것이다. 그 상식적인 것을 나는 남자는 서서 소변 보는 것이 당연하다는 생각이 정형화되어버린 것이다. 아내의 생각, 말은 맞는 것 같다. 나는 이제부터 생각을 바꾸고 실행하면 된다.

그 뒤에 몇 번 시도를 해보았다. 그런데 왠지 이상했다. 주저앉는다는 기분에 괜히 심사가 뒤틀린다. 그렇다고 좁은 실내에 소변기를 설치할 수도 없는 노릇이다. 아내의 말을 속으로 인정하면서, 실행하면서 자꾸만 머릿속에 일어나는 생각은 이건 아닌 것 같다는 거부감이다. 자꾸만 나의 위치가 좁아지고 무너져 내리는 것 같은 무력감이 확, 몰려오는 것 같다. 거실에서 쭈쭈가 짖는 소리가 들린다. 이어 아내의 쭈쭈를 향한 애정이 듬뿍 담긴 밝은 목소리가 순간, 나의 뒤틀린 상념과 크로스되면서, 후다닥, 일상으로 되돌아오고 있다. 나는 아직까지도 서서 소변을 누고 있다.

제2장

우직할 수 있는 가치

소통과 진정성

대학에 다니는 딸아이에게서 전화가 왔다. 반가웠다. 경제적 문제(?) 아니면 통화가 별로 없는 아이다. 엄마하고는 자주 통화를 한다.

모녀 사이지만 친구 같은 느낌을 줄 때도 있다. 작은 것부터 모두가 통하는, 비밀이 없는 사이다. 나에게 못할 얘기도 엄마에게 다해버린다. 그러면서 아빠에게는 얘기하지 말라고 신신당부한단다. 하지만 아내는 그 약속을 깨고 나에게 전부 고자질(?)해 버린다. 아이도 이 사실을 알면서도 은근히 묵인하는 것 같다. 그래서 우리 가족에겐 비밀이 없다. 아이에게 안부는 주로 내가 많이 하는 편이다. 객지에 아이를 내놓고 문득문득 걱정이 되기도 하여 보고 싶어, 목소리라도 들을까 싶어 습관적으로 통화를 하면 별로 할 말이 없어 어정거리는 나의 속을 아는지 아이는 영리하게 어른스럽게 나를 위로하고 안심시킨다.

그런데 이번에는 상황이 좀 다른 것 같다. 아이의 목소리는 지쳐 있었다.

"아빠, 요즘 들어 공부가 잘 안돼요. 머리가 텅 빈 것 같고, 집중이 되지 않아요."

나에게는 자기 심중을 표현하지 않는 아이인데, 목석(?) 같은 애비에게 하소연이라도 하고 싶었던가 보다. 덜컥, 걱정이 된다. 객지에서 마음이 여린 것이 오죽 외롭고 고달팠으면 나에게 구원을 청했을까. 아이에게 마음이 약한 나 역시 걱정이 되어 순간적으로 나온 말이,

"그래, 그때는 쉬어라. 그러면 괜찮을 꺼다."

지극히 진정성 있게 위로한답시고 한 말이었지만 좀 생뚱스럽게 들렸던 모양이다. 아이의 반응은 너무나 기대에 어긋난다는 투로,

"아빠, 무슨 말씀이 그래요. 너무 성의가 없네요. 알겠어요."

찰깍! 통화를 일방적으로 끊어버린다. 평소에 예의 바르고 착한 아이인데 오죽하면 이런 행동을 할까. 일시에 소통이 중단되어 버렸다.

순간 걱정이 된다. 나의 속마음은, 진정성은 그것이 아니었는데, 나의 마음을 몰라주는 아이가 서운하기도 했지만 나의 신중하지 못한 말 한마디가 아이의 사기를 눌러버린 셈이다.

말의 화근, 위력이 새삼 놀랍고 무섭다. 사실 나의 입장에서는 아이에게 마음의 부담을 덜어주기 위해서 한 말이었는데 결과적으로 표현의 차이가 아이에게 실망을 줘 버렸다.

서둘러 통화를 시도해본다. 전화를 받지 않는다. 부랴부랴 아내에게

응원을 청한다. 아내는 해결사다. 아이에게 또한 진정한 상담역이다.

세상에, 걱정을 같이해 줄 생각은 않고, 항상 뒷북만 치니, 아내는 철없이 일을 저지른 어린아이를 보는 시선으로 나를 쳐다보면서, 아이와 몇 차례 통화를 시도했고, 겨우 연결되었다. 아내의 훌륭한 상담이 시작되었다. 아이의 상황에서 같이 걱정해주고 위로하고 격려하면서 아이의 사기를 살리기 시작했고, 아이는 다시 원기를 회복한 모양이다.

아이는 나의 무성의한 대답에 화가 나서 전원을 꺼버린 데 대해서 죄송하다고 했다. 전원을 꺼버린 시간 동안 아이는 울고 있었던 모양이다. 아내는 아이의 목소리가 젖어 있더라고 전한다. 다시 우리 집안엔 소통의 행복이 돌아왔다. 통해야 할 것들이 통하지 못하고 닫혀 있으면 참으로 불행한 일이다. 소통의 부재는 모든 사람들의 행복을 망쳐 놓는다. 작은 구멍에서부터 큰 구멍까지 각기 기능과 역할이 있기 마련인데 인위적 물리적으로 막으려고 하면 결국 썩어버리고 만다.

그래서 소통은 생명력이다. 우리는 지금까지 소통의 단절로 인해서 너무나 많은 역사적 불행을 겪어왔다. 대표적으로 6 · 25전쟁이 그랬고, 시대의 중요한 계기마다 소통의 결정적 막힘으로 인해서 역사적 불행과 막대한 희생을 치러왔다.

지금, 또다시 우리는 소통의 부재 속에 살고 있는 기분이 든다. 정말 답답하고 우울하다. 자기는 닫고 있으면서 상대에게 소통하자고 요구하고 있다. 한마디로 한쪽의 일방적 과시적 힘의 논리로 인해서 소통이 막히고 있다. 그러다 보니 힘의 논리로 해결하려고 하고 물리적 부작용이 따르면서 더욱더 두터운 단절의 벽을 만들고 있다.

소통이란 자연스럽게 흐르는 물과 같아야 한다. 소통의 단절은 어디에서 오는가. 요즘 시대의 화두처럼 회자되고 있는 진정성이 없기 때문이다. 진정성이란 무엇인가. 믿음이고 상대를 편안하게 해주는 배려이다. 겉과 속이 다르다고 느끼기 때문에 불신의 골은 깊이 파이고 위기를 느끼고 스스로 자기 보호본능이 발동되면서 해악의 울타리를 치기 시작한다. 아무리 믿으려고 하지만 이건 도저히 아니다 느껴질 때 불신이 싹트고 불행한 일들이 생겨나기 시작한다. 지금 우리 주위에서는 역사의 흐름을 되돌리려고 하는 엄청난 저항이 시도되고 있다.

지극히 작지만 소중한 구멍 하나를 예사로 생각하고 막으려고 하다가 더욱더 엄청난 저항에 직면하고 있다. 이 불행을 막을 수 있는 유일한 해법은 이 땅의 지도자들이 진심으로 진정성 있게 국민 속으로 다가가면서 진정으로 국민 여러분을, 주민 여러분을 편안하게 해주는 정치를 실천하는 것뿐이다.

건방진 사회

중학교 1학년 때 일어난 조그만 사건이다. 수업시간에 선생님께서 불쑥 나에게 질문을 던졌다. 길바닥에 떨어진 돈 100원(당시 100원의 가치는 컸다)을 보면 어떻게 하겠느냐고. 나는 바로 대답했다. 지서(파출소)에 가져다 주겠다고. 순간 교실 안이 조용해졌고 전체 분위기가 썰렁하다는 것을 느꼈다. 다시 선생님은 다른 학생에게 똑같은 질문을 던졌다.

그 학생 왈, 친구들하고 과자나 빵을 사 먹겠다고. 아이들은 와아! 하고 웃었고 선생도 웃었다. 나 혼자 웃지 않았다. 나는 황당함에 쥐구멍이라도 찾아들고 싶었고 나의 얼굴은 벌겋게 달아올랐다. 졸지에 나는 바보(?)가 되어 버렸고 상대 아이는 영웅(?)이 되었다. 나의 대답은 분명 모범답안이었고 정말 그렇게 행동했을 텐데, 분위기는 나의 진정성

따위는 흥미도 없었다. 아니 나의 모범답안을 진정성이 없다고 생각했는지 모르겠다. 그 뒤 한동안 나는 그 사건으로 가치관에 대한 혼란으로 고민한 적이 있었다.

지난 6 · 2 지방 선거 이후 전국 곳곳에서 소란스러운 일들이 생겨나고 있다. 각계각층에서 갈등과 대립각이 세워지고 있는 것을 본다. 폭넓게 보면 민주적 진화과정이라고 볼 수 있지만 상식으로 이해할 수 없는 과도한 행동과 말들이 집단적 폭력성의 똬리를 틀고 있다. 명색이 지역과 국가를 위한다고 큰소리치고 행동하는 지도자들의 헛공약과 일부 시민단체들의 편협된 이기심이 염불보다는 잿밥에, 달보다는 달을 가리키는 손가락 끝을 보고 있다는 생각이 든다. 소리 크고 자극적이고 포퓰리즘적이면 자기 식 정의로 포장된다. 국가의 권위나 정의는 순간 매몰된다. 엄연히 검증되고 계획된 국가 정책도 실행단계부터 마구 흔들어버리니 엄청난 예산낭비를 초래한다. 대표적 예가 국책사업으로 문제의 불씨를 지폈던 동남권신공항, LH 이전문제 등이 그렇다. 집행의 정당성과 타이밍을 놓치는 바람에 몇 배의 예산낭비와 불필요한 갈등만 증폭시키는 결과를 초래했다. 정부 역시 정책조정자로서 제 역할을 다하지 못하였기 때문에 비판받아야 마땅하다. 국가 공신력에 대한 불신감의 팽배로 심각한 위기를 절감해야 한다.

그리고 중앙, 지역의 선량들도 다가오는 총선에 구명도생에 집착해서 소아적 지엽적 득표활동에만 전념할 것이 아니라 국가나 지역의 이익을 위해서 대승적 자세를 가지고 이해와 설득, 그리고 대화와 타협의

조정자 역할로서 정치미학을 발휘해야 한다. 무조건 밉다고 타박만 줄 것이 아니라 올바른 대안을 내놓으면서 정책을 수행할 수 있도록 지혜를 모아야 한다.

이젠 세상에 독불장군이 없다. 거버넌스적(협치)인 방향으로 공론을 결집시켜야 한다. 답은 분명히 하나로 나와 있는데 왜 당신들의 정치논리로 여러 개의 답을 만들어 이 사회를 대립과 갈등으로 혼란스럽게 하는가. 그리고 시민단체 지도자들 역시 자기주장이나 전문성이 지역과 국가이익을 위해서 생산적으로 활용될 수 있도록 해야 할 것이다. 이제 우리 국민들도 바보가 아니다. 정권을 잡았다고 영원하거나 마음대로 하는 세상도 아니며 정의롭지 못한 권력으로 결코 민심을 잡을 수가 없다.

지난 지방선거에서 한나라당의 독식으로 경남의 수장을 바꾼 것도 민심이다. 따라서 민심은 천심이고 이것은 모든 권력의 상위개념이다. 그래서 여든 야든 엉터리 짓거리 하면 누구도 자유로울 수 없다. 이 대세는 누구도 막을 수 없다. 이제 제발 누구든 떼법 행동 그만하고 세련돼라. 이것이 투명사회이고 진정한 공정사회로 가는 길이라고 보는데 이 사회가 자꾸만 건방진 사회로 변해가는 것 같아 걱정스럽다.

건배주

산들바람 보리수, 이번에 개최될 고성공룡세계엑스포 공식 건배주란다.

건배주, 생각할수록 기운 나고, 기분 좋게 하는 말이다. 큰 행사(2006년 공룡세계엑스포)를 치르더니 갈수록 발전되고 세련되어져 가고 있다. 우리 주위에 야생하는 보리수나무 열매에다 찹쌀을 빚어 농축 · 발효시킨 와인 술이란다. 맛도 순하고 부담감도 없어 마시기에도 좋아 보인다. 아쉬움이 있다면, 아이들을 위한 '교육엑스포'라 해 놓고 술이라니, 약간 생뚱스럽지만 발상의 전환이라고 생각하자. 이왕이면 방울토마토 주스, 키위 주스, 보리수 건빵 등등, 공식 음료, 식품도 만들어냈으면 좋겠다 싶다.

장사(?)에는 행정이 한계가 있어 지원만 하고 모든 것은 민이 아이디어를 만들어내고 돈벌 궁리를 해야 한다. 이번 엑스포는 고성 경제를 살리는 시장의 역할을 다해야 한다고 본다. 공룡과 시장이 윈-윈하는 세계적인 장마당을 만드는 것이다. 이번 기회에 고성을 알리는 것은 기본이고 고성의 곡간을 가득 채워주는 효자 명주, 건배주가 되어주었으면 좋겠다. 건배주가 화두가 되었기에 말인데, 이젠 우리 모두에게 건배는 일상의 키워드가 되어버렸다. 둘이서나, 여럿이서나, 크고 작은 모임에서 수없이 외쳐대는 건배 제의, 우리는 덕담 속에 살고, 화려한 말의 수사 속에 묻힌다. 우리가 쏟아내는 화려한 수사나 박제된 덕담은 공허한 울림이 되어 버리기 쉽다. 하지만, 좋은 소리는 들을수록 좋다. 긍정의 힘으로 바꾸어주니까. 요즘처럼 경제가 어렵고, 남북 간에 갈등이 고조되는 상황에서 비록 질박한 술 한 잔이라도 서로 위로와 사랑을 나눌 수 있는 건배주가 된다면 세상은 얼마나 따뜻하고 힘이 나겠는가. 지금 못살고 어려워도 참고 내일을 생각할 수 있을 텐데. 우리 스스로 지도자가 되어 그래도 나보다 어려운 사람들을 위하여 내일의 희망 찬 건배제의를 하자. 지금은 지방화시대, 바야흐로 역할분담의 시대이다.

240여 개의 지방정부의 장들이 대통령을 대신해서 중, 소통령의 역할을 확실히 하자. 당신들은 신사각지대의 음영을 들여다보고 해결할 수 있는 실질적인 역할자이다.

제발 이들에게 로또복권 당첨되는 것보다 더 어려운 대통령 민원에 행운을 걸게 하지 말자. 전봇대 문제나 포장마차 민원은 지방자치시대에 부끄러운 자화상이다.

왜 우리가 해결해야 할 지엽적인 문제를 대통령에게 신경 쓰게 해야 하는지. 당신들이야말로 국가에서 위임받은 법인의 대표자가 아닌가. 이 땅의 소시민들에게 내일의 희망의 메시지를 전하면서 소탈한 건배 제의를 할 주인공들이다.

지금 우리에겐 지방의 소통령이 절실하게 필요하다. 지방을 편안하게 하고 부자 되게 하는 것은 우리의 소통령과 우리들의 창의적이고 자발적인 공동체 의식에서 이루어진다.

지금 240여 개의 지방정부를 가지고 있는 우리 대한민국이 얼마나 튼실하고 자랑스러운가. 지금 우리가 할 일은 우리 주위에 약하고 소외받은 계층에게 힘내라고 우리가 희망이라고 건배를 외치면서 껴안을 때이다.

2년 전 북한에 대북 쌀차관 인도요원으로 가서 10여 일간 함흥에 체류하면서 몇 번이나 만찬 오찬 자리에서 상대방의 건배 제의를 듣고 건배를 제의하면서도 판에 박힌 소리가 "통일이 되는 그날을 위하여"였는데, 그 소리를 아무런 거부감 없이 받아들였던 것은 통일이 남북 간에 공식 아젠더이며 진정성이 있었기 때문이 아닌가 생각된다.

그들의(조선 청길 무역회사) 공식 접대주이면서 건배주는 '대평곡주'라는 북한산 소주였다. 주정이 35도 이상이고 화근내가 나는 독한 술인데, 그 술을 하루 세 끼씩 반주로 내놓았다. 북한 술은 거의가 독한(?) 술이다. 지리적으로 추운 곳이기 때문에 독한 술을 마시는 것은 이해가 되지만 식사 때마다 반주로 내놓은 술은 정말 부담스러웠다. 북한 남성들은 이런 독한 술을 먹기 때문에 얼굴이 까맣게 탔는가, 독한 술은 결국 사람의 정신적 육체적 건강을 좀먹는 마약 같은 것이라 생각되었다. 이런 독한 술로 북한 인민들에게 건배를 하게 한 북한 지도자들의 저의는 북한 인민에게 희망보다는 술로 마비시켜 통치하기 쉽게 하기 위해서가 아닌가 하는 생각이 든다.

참으로 의심을 하기 시작하면 끝이 없는가 보다. 북한이 우리보다 40년 이상이나 뒤처진 상황에서 그들은 지금도 남북 상생의 기분 좋은 건배주 대신에 미사일로 위협하고 독설을 외쳐대고 있는 것을 보고 우리의 창의적이고 따뜻하고 편안한 건배주에 비하면 얼마나 한심스럽고 가증스러운지 산들바람 보리수를 음미하면서 두서없는 잡설로 대신해 본다.

우리말 사투리

어릴 적 기억인데, 특히, 도회지에서나 도시 사람 앞에서 우리말 사투리를 쓰는 것이 매우 부끄러웠던 시절이 있었다. 방학 때나, 집안 행사 때, 시골 친척집에 놀러왔던 서울 아이들이 쓰던 서울말이 어찌 그리도 매혹적이고, 도시스럽던지, 괜히 자신이 너무 촌스러워 기가 팍팍 죽곤 했었다. 우리끼리는 거침없이 말을 하다가도 그 아이들이 오면 지레 식겁을 하고는 입이 얼어버렸던 기억들, 시골학교에 가뭄에 콩 나듯이 서울 아이가 전학이라도 오면 그 아이는 몇 달 동안은 동화 속의 인물이 되곤 했다가 그 아이가 우리들 세계에 물들어 가면 만만하면서도 한편으론 괜히 미워지고 초라해보였던 기억들, 먼 도회지(서울)로 취직을 갔던 우리의 형님, 누나들이 추석, 설 명절 때 고향에 돌아오면 그들이 뿜어대던 어설픈 서울말들이 온 동네를 새로운 열기로 들뜨게 했었다. 며칠 동안이라도 우리말 사투리와 섞바뀌지 않으려고 안간힘을 쓰던 우리의 형님, 누나들이 명절이 끝나고 서울로 돌아갈 때는 어쩔 수 없이 복원된 우리말 사투리로 이별의 정을 나누던 모습들을 보면서 아! 피는 물보다도 진하다는 것을 느끼면서 지금도 한 폭의 판화처럼 찡한 기억으로 가슴에 박힌다.

세상이 참으로 많이도 변한 요즈음, 혹 가다 귀하게 그분들을 만날 기회가 있었는데, 그 옛날의 인정스러운 우리말 사투리가 생생하게 복원되어 있는 것을 보고, 지역 뿌리의 정을 진하게 느낄 수가 있었다. 그분들은 옛날의 그 어렵고 배고팠던 시절의 서울말 부담에서 이제는 한껏 자유로울 수 있어 자기 고향의 색깔을 선명하게 내면서 당당하게 살고 있는 것이다.

지금은 지방화시대. 우리말 사투리 브랜드 시대에 살고 있다. 그 옛날 우리말 사투리 쓰는 것을 이유 없이 부끄러워했던 시대의 열등감을 극복하고 이젠 지구촌에서 지역문화의 핵심적인 축으로서 당당하게 자리 잡고 있는 것이다. 그토록 금기시되다시피 했던 드라마 사극이나 영화에서 지방 사투리가 버젓하게 주인공으로 사랑받고 있으며, 지역방송에서 진행자가 우리말 사투리를 거리낌 없이 멋있게 구사하면서 지역 방송문화의 재미와 가치를 높이는 새로운 전기를 가져다 줄 날도 머지않았다고 본다. 그런 측면에서 마산 MBC의 아구 할매는 우리말사투리의 지구촌화에 크게 기여 성공한 장수 프로그램이며, 아구 할매의 장수의 생명성은 우리말 사투리가 백미였다고 보며, 브랜드의 자산적 가치는 경남 전체의 가치와 맞먹을 거라고 생각한다.

우리 지역 고성에도 구만 막사발 같은 질박하면서 인정스러운 우리말 사투리가 보물처럼 숨겨져 있을 것이다. 이런 것들을 찾아내어 갈고 닦는 것이 우리들의 몫이고 역할이다. 어딘가에 부끄러워서 숨었다가 나오지 못한 우리말 사투리들을 찾아 깨워내어 지역문화의 주인으로 만들어야 한다. 체계적으로 잘 갈무리하여 활용한다면 훌륭한 향토적 자산으로서 부가가치를 높여 줄 것이라고 본다. 타 지방자치단체에선 자기 지역 사투리를 잘 정리해서 브랜드화를 계획하고 있는 곳도 있다고 알고 있다. 작은 것이 자산이 되는 시대 속에 살면서 자칫 간과하기 쉬운 이러한 것들을 갈고 닦아 우리의 것으로 살아가게 하는 것이 지방화시대에 기여하는데 작은 역할이 되지 않을까 생각한다.

군대 이야기

지난 주 일요일 새벽에 일어났던 전방 모 부대 초소에서의 총기참사 사건은 우리 모두 난데없이 날벼락을 맞은 꼴이다. 보고 듣는 상황이 정말 눈과 귀를 틀어막고 싶을 정도로 가슴 아프고 비참해진다. 자식을 가진 부모의 입장에서 도저히 남의 일처럼 생각되지 않는 이 엄청난 충격의 사건은 두고두고 우리들의 가슴에 주홍글씨처럼 지워지지 않을 것이다. 왜 이런 엄청난 일이 일어났을까. 과연, 지휘관이 진정으로 자기 자식처럼, 친가족처럼 보살폈다면 이런 일이 일어날 수 있었을까. 전쟁도 아닌 평화 시에, 그것도 민주주의의 전성시대에 이런 비인간적인 사건이 공공연하게 일어날 수 있을까. 사건의 정확한 진상이야 나중에 밝혀지겠지만 국가가 우리들에게 안겨준 불신과 불안감은 일대 혁기적인 대전환이 일어나지 않고서는 두고두고 아물기 힘든 상처이다.

서로 믿고 이해하고, 사랑하려는 마음은 없고, 조그마한 충동에도 참지 못하는 인간성이 실종된 시대에 살고 있다.

우리나라 남성들은 군대 얘기를 많이 하는 편이다. 그만큼 자기의 인생에서 군대생활이 차지하는 비중이 너무 크기 때문이다. 주민등록번호는 못 외워도, 군번은 잊지 않고 외운다는 우스갯소리도 종종 한다. 특히, 재미있는 것은 군대생활 고생했다는 사람은 거의 없다는 사실이다. 대부분이 군대에서 좋은 위치에 있었고, 편하게 대우받으면서 잘 지냈다고 자랑한다. 물론 그런 사람도 있겠지만, 대부분이 군대에서 고생을 많이 했을 것이다. 앓앓이 말 못하는 고생을 했으면서도, 의연하게 자랑하는 애국자들이 한국의 남성들이다. 그들의 눈물겨운 허풍들이, 순정들이 어려운 시대를 살아가는 활력소가 되었다.

나의 군대생활도 남이 생각하는 의외로 엄청나게 고생을 했다. 74년, 7월 1일 입대해서 논산훈련소 수용연대(군번 받기 전에 장정들 대기하는 장소)에서 20일 동안 군번 없는 장정으로 대기 생활을 했었고, 훈련 마치고 가도 가도 끝없는 강원도 춘천, 소양강에서 배를 타고 1시간 반 들어가는, 보이는 것이라고는 시커먼 산악과 칼 절벽의 계곡, 겨울 내내 무릎까지 눈이 와서 눈에 진저리를 쳤던 곳, 강원도 동부전선 최전방이었다. 한마디로 갈 데까지 간 곳이었다. 거기에다가 설상가상으로 서류 착오로 전출을 다니는 불행을 겪게 되었다. 내가 소속된 대대는 일 년 동안 후방부대에서 훈련을 받다가, 일 년 후에 관할 지역 GP(Guard Post)에 경계근무하고 있는 대대와 교대근무를 하기 위해서 투입되는 것이다. 투입되기 전에 신원진술서를 쓰는데, 당시 남북한 대치상태가 살벌한 냉전의 시대였기 때문인지, 신원조회가 철저했다. 문제는 신원보증인에 이상이 있었던 모양이다. 자대 배치 두달 만에 전출명령이 내려졌다. 그래도, 그 상황에서 나를 지탱시켜 준 것은 고향의 부모님과 가족 생각, 고향의 향수, 그리고 나의 처지를 안쓰럽게 생각하고 배려해 준 중대장, 소대장, 소대원들의 포근한 인정이었다. 어려운 고비에 처할 때마다 고향과 가족, 부모님 생각으로 그래도 마음이 편안해질 수 있었다.

한번은 새로 전입 간 중대에서 일어난 웃지 못할 사건이 있었다. 중대장이 나의 목소리가 크고 우렁우렁하니까 웅변에 소질이 있겠다고 판단한 모양이다. 소대장에게 열흘 후에 있을 연대 주최 웅변대회에 출전시키라고 지시를 했다. 입상하면 특별휴가도 갈 수 있다고 격려도 했다. 근무도 열외시키고, 오직 웅변 연습만 하라고 했다. 나는 희망에 부풀어 열심히 연습했다. 중대에선 기대를 많이 걸고 있었고, 소대원들도 진심으로 배려해주는 것이 너무너무 고맙고 한편으론 미안할 정도였다. 중간 휴식시간에 소대원들 앞에서 시연도 했고, 중대장도 잘한다면서 입상 가능성이 있다고 했고, 소대원들도 아낌없이 박수와 격려를 보내 주었다. 그런데, 웅변대회를 하루 앞두고 전혀 예상치 못한 문제 때문에 나의 꿈은 산산조각 깨어지고 말았다. 목 상태를 생각 안하고 너무 연습을 많이 한 탓에 목이 쉬어버린 것이다. 결국, 출전은 했지만 결과는 뻔했다. 그때 그 절망감, 상실감, 부끄러움은 지금도 잊을 수가 없다. 그래도 그 속에서 나를 견디게 해준 것은 인간 사랑이었다. 아버지 같았던 중대장의 덕망, 청주대 학사 출신 장교였던 소대장의 지적 인간미, 겨울철 땔감 같았던 소대원들의 마음 씀씀이가 절망과 고독의 군 생활에서 구원해준 소중한 활력소였다.

이번 사건을 접하면서 가장 중요한 깨우침은 뭐니 뭐니 해도 인간 사랑이 희망이라는 것이다. 시대가 아무리 우주항공시대로 가고 있다고 하지만, 인간 사랑이 없는 외적 성장은 결국 문명의 무덤이 되고 말 것이다. 외형적으로 어려운 시대 환경 속에서 추위와 배고픔에도 견딜 수 있었던 것은 사랑이라는 끈 하나로 뭉쳤기 때문이 아니었을까. 요즘, 겉으론 부족한 것 하나 없는 풍요의 시대에 살면서도 군대 내에서 인분 사건이니, 인격 비하, 구타니, 자살과 같은 황당하고 생뚱맞은 사건들이 심심찮게 일어나는 것을 보고 인간 사랑의 부재를 실감하고 안타깝고 가슴 아프다. 문득, 고성이 낳은 세계적인 영웅 엄홍길의 휴먼원정대의 감동적인 행적이 생각나는 것은, 그래도 인간의 사랑이 이 시대의 변함없는 빛이고 희망이라는 사실이다.

카드 시대

서울에 출장을 갔을 때다. 오만 원권 지폐 때문에 정말 황당한 일을 당했던 기억이 있다. 시외버스 남부터미널에서 여의도까지 택시를 탔는데, 택시 요금이 11,000원 정도 나왔던 것 같다. 나는 무심코 오만 원권 지폐를 내밀었다.

순간 기사 아저씨가 난감해 한다. 잔돈이 없단다. 신용카드가 없느냐고 묻는다. 요즘 전국적으로 택시엔 카드 단말기가 장착되어 있다. 그날따라 나는 개인 신용카드를 소지하지 않았다. 회사 법인용 신용카드가 있었지만, 내가 쓸 수 있는 한도가 초과된 것 같아 꺼내고 싶지 않았다. 현금도 오만 원짜리뿐이었다. 기사 아저씨도 난감해 한다. 나도 황당했다. 아니, 그래도 몇만 원 정도는 소지하고 있을 줄 알았던 내 생각이 기우였다. 카드로 결재를 하기 때문에 굳이 현금을 가지고 있을 필요가 없다고 변명 아닌 변명을 한다. 자기가 당일 써야 할 일이만 원 정도 경비 외엔, 기사는 차를 세워놓고는 그냥 앉아 있다. 자기가 서둘러서 잔돈을 바꾸어 오든지 해야 한다고 보는데, 마냥 나더러 해결하라는 투다. 주객이 바뀐 기분이다.

주위를 둘러봐도 높이 솟은 고층빌딩뿐, 작은 가게라곤 찾을 수가 없다. 마트나 주유소가 있으면 잔돈 바꾸기가 가능할 텐데, 나는 기사아저씨에게 택시를 조금 이동해서 찾아보자고 했다. 그러기를 한참 하다 보니 주유소를 발견하고, 나는 반가워서 오만 원권 지폐를 손에 들고 주유소 종업원에게 다가갔다. 오만 원권 좀 바꿔 달라고, 오만 원권을 들고 바꿔 달라는 나의 꼴이 종업원의 눈에는 어떻게 보였는지, 단숨에 거절을 당했다. 순간 나는 무참해졌다. 나의 모습이 이상하고 초라하고 정상이 아닌 것처럼 보였다. 내가 왜 이래야 하는지 회의와 짜증이 동시에 일었다. 우리는 1차 잔돈 교환은 실패하고, 다시 마트를 찾기 위해서 주위를 이동했다.

그렇게 하기 몇 분, 겨우 한 군데 간이 마트가 있었다. 내가 들어가도 종업원은 무표정한 얼굴로 쳐다보더니 다시 자기가 하던 계산기 두드리는 일을 계속한다. 마땅히 살 것이 없어 껌 두 통을 사니 천 원이었다. 나는 되었다 싶어 오만 원 권을 건네니 이번에도 잔돈이 없단다. 신용카드가 없느냐고 묻지도 않는다. 창피하기도 하고 짜증스럽다. 내가 그동안 서울 출입을 많이 했지만, 진짜 서울 속 구조를 몰랐고, 그냥 지나쳐 버렸던 것이 오늘 현실로 부딪쳐 실감하고 있는 것이다.

다시 오만 원권을 들고 쫓기듯 밖을 나올 수밖에 없었다. 엄연히 고객인 내가 더운데 땀을 뻘뻘 흘리면서 잔돈을 바꾸려 다녀야 하는가 생각하니 슬그머니 짜증이 나다가도, 나의 몰골이 갑자기 우스꽝스럽게 느껴졌다.

내가 잔돈을 바꾸지 못했다고 하니 기사 아저씨 역시 난감한 표정이다. 나 역시 숨이 막히는 기분이었다. 서민들에게는 오만 원권 지폐도 대우를 받지 못하고 경원의 대상이 되고 말았구나. 왜 정부에서는 현금이 필요 없는 세상에 오만 원 고액권을 발행했는지 그 저의가 의심스럽다는 괜한 생각이 든다. 오만 원권이 통하는 세계가 많을 터인데, 유독 서민층에서만 통하지 않는 것일까. 서민에게는 오직 카드만 통하는 세상이 되어 버린 것일까. 아까 주유소에서 잔돈 바꾸는 것을 거절한 것도 나를 믿지 못하기 때문이다. 내가 가지고 있는 오만 원권이 혹시 위조지폐일지도 모른다는 생각에 거절했을 수도 있다. 앞뒤 영문을 모르는 주유소 종업원의 눈에는 어떤 중년 남자가 오만 원권 지폐를 들고 잔돈을 바꾸어 달라는 모습이 어쩌면 격에 맞지 않고 이상하게 보일 수도 있겠다는 생각이 들었다. 마트 종업원 역시 마찬가지였을 것이다. 이제는 서로 모르는 사람끼리는 믿지 못하고 철저하게 담을 쌓아가는 세상이 되어 버렸다. 온라인이든 오프라인이든 오로지 검증되고 차별화된 것들만이 대우받고 존재하는 세상으로 변해 버린 것 같다.

나는 마지막 선택을 결심했다. 혹시 우리 회사의 법인카드의 한도가 몇만 원 정도는 남아 있을지 모르겠다는 한 가닥 희망이었다. 나는 확신을 가지고 법인카드를 건넸다. 기사 아저씨도 구세주라도 만난 듯이 덥석 법인카드를 건네받더니 카드기에 긁기 시작했다. 나 역시 숨죽이고 지켜보는 신세가 되었다. 일만 이천 원! 체크가 된다. 아! 다행히도 그 속엔 잔고가 얼마 정도 남아 있었던 모양이다. 동시에 우리의 표정이 밝아진다. 기사 아저씨는 영수증을 건네주면서, 연신 미안하다고 한다. 나 역시 기사 아저씨보고 미안하다고 인사를 했다. 지금 생각해보면 서로 개념이 없이 인사를 한 것 같다. 어쩌면 우리가 주문처럼 했던 인사도 서로가 진정성 있게 한 인사가 아니라, 신용카드에게 한 것인지도 모르겠다는 생각이 들었다.

갈수록 서민들은 카드의 노예가 되어 살지 않으면 안 될 운명이고, 있는 자들은 지하금고에서 고액권을 차곡차곡 쌓아놓고 지하경제의 활성화를 비웃고 있지나 않을까 하는 생각이 문득 들어 갑자기 서울의 빌딩숲들이 철옹성의 벽처럼 느껴져 숨이 막힌다.

아리의 실종

아리가 없어졌다. 아니, 떠났다는 표현이 적절할까. 내가 출근하면 깡충깡충 뛰어와서 온갖 아양을 떨던 놈인데, 보이지 않아 물었더니 나가버렸다는 것이다. 어디로 갔을까. 아리는 우리 회사에서 키우는 개 이름이다. 아리라는 이름도 우리 회사 가족들이 지어 주었다. 아리가 우리 회사에 들어온 지 2년이 지났다. 장마가 짙은 어느 여름날로 기억된다. 직원 숙소 구석진 곳에서 웅크리고 앉아 눈치를 보고 있는 아리를 나는 보았다. 거래처에서 키우던 것을 전이사가 데리고 왔다는 것이다. 반려동물과 인연을 맺기란 정말 어려운 일이다. 자칫하면 불행을 줄 수도 있기 때문이다. 인간이란 얼마나 변덕스러운가. 인간의 이기심에 버려진 반려동물들이 불행한 일을 많이 당한다. 나도 집에서 반려동물(애완견)을 두 마리 키우고 있는데, 나중에 이놈들과 어쩔 수 없이 치려야 될 이별을 생각하면 괜한 인연을 맺었다 싶어 후회가 되기도 했다. 아리는 우리 회사의 가족들과 한 가족이 되어 정을 나누게 되었다.

그 뒤 몇 개월 후에 암탉 한 마리가 정말 우연하게 우리 회사에 들어오게 되었다. 이놈은 길가에 빈사 상태로 쓰려져 있는 것을 중학생인 전이사 아들이 학교 갔다 오는 길에 발견하고 데리고 왔다. 전이사 가족들이 정성을 다해 치료를 해서 회복을 시켜 키우게 되었다. 정말 적선을 한 셈이다. 그 뒤 전이사 아들이 자전거를 타고 학교 가다가 버스에 치어 교통사고를 당했는데 천만다행으로 약간의 가벼운 타박상을 당했다. 천운이다. 하늘이 도왔다고 주위에서 말했다. 나는 속으로 암탉의 보은이 아닌가 생각되었다. 암탉은 잘 자라서 간간이 달걀도 낳았는데, 아리가 달걀로 보신(?)을 하는 것을 보았다. 아리가 천연덕스럽게 계란 반숙을 먹고 있는 광경을 암탉이 옆에서 정답게 지켜보고 있었다. 닭과 개가 개집에서 같이 동거하는 모습이 참 보기도 좋았고 신기했다. 겨울 내내 아리의 집에서 둘은 정답게 지냈다.

전이사가 진주에 가서 암탉 다섯 마리와 수탉 세 마리를 구입해 왔다. 그리고 본격적으로 우리 회사 내 화단의 빈 터에다가 닭집을 지었다. 아리와 닭들의 동거가 시작되었다. 그런데 날이 갈수록 아리는 닭들의 세력에 밀리는 것 같았다. 수탉들의 기세가 가당찮다. 화려한 벼슬, 날카로운 부리, 기상 좋은 수염은 당연히 분위기를 압도할 만하다. 암탉들은 윤이 나는 싱싱한 달걀들을 날마다 쏟아냈다. 우리 공장 가족들은 덕분에 신선한 달걀을 먹을 수 있었다. 그들은 이미 화단을 점령

했다. 화단에 있는 잡풀들을 모조리 쪼아 먹어서 말끔하게 청소를 하곤 했다.

차츰 아리는 그들의 세력에 밀려서 화단 밖으로 밀려났다. 그 대신 아리는 회사 마당을 차지한 셈이다. 아리는 우리 회사 방문객들이나 차량 뒤를 깡충거리며 따라 붙기도 하고, 낯선 사람들이 오면 짖어대면서 경계심을 돋우기도 하였다. 특히나 내가 출근하면 멀찍이서 있다가 뛰어와서는 나의 차 주위를 빙빙 돌기도 하고, 내가 차에 내리면 내 앞 에서 온몸을 뒹굴면서 온갖 아양을 떨어대곤 했다. 가끔 이놈이 사람보다도 낫구나 하고 생각 들 때도 있다. 반려동물과 인연을 맺고 나서부터는 살아 있는 것들, 생명에 대한 애정이 각별하게 느껴진다. 모든 살아 있는 것들에 대해 예사롭게 대할 수가 없다. 가끔씩 마음이 공허해질 때 생명에 대한 사랑을 느끼고 위안을 얻게 된다. 인생의 험한 질곡 속에서 속이 비어버린 사람들이 반려동물들 때문에 인간성이 회복되는 사례들을 종종 보고 겪게 된다. 그러고 보면 생명사랑이란 참 위대한 힐링healing이다. 아리는 비록 닭들의 세계에서 밀려났지만 우리들과의 정을 나누는 관계가 더욱 짙어갔다.

어느 날 우리 회사에서 예기치 않은 사태가 벌어졌다. 닭장의 아홉 마리 닭들이 모조리 습격을 당한 것이다. 그날 회사에 출근하니 닭집이 있는 화단에 닭털이 수북이 쌓여 있는 것을 목격했다. 불길한 예감이 들었다. 아홉 마리 닭들 중에 한 마리 남기고 모두가 사라져 버렸다. 유일하게 살아남은 닭은 공포에 질려 머리를 땅에 처박고 죽은 듯이 누워 있었다. 아리와 처음 동거했던 그 암탉인지 모르겠다는 생각이 든다. 분명히 다른 침입자가 닭들을 잡아간 것이다. 사람도둑이 아니고 분명히 짐승도둑이 틀림없었다. 회사에 비상이 걸렸다. 회사 가족들 말로는 며칠 전에 우리 공장 주위에 갈색 빛의 들개 한 놈이 어슬렁거렸다는 것이다. 덩달아 아리가 그놈하고 같이 어울리는 것을 본 적이 있다고 했다. 분명 그놈 소행이 분명하다는 것이다. 아무리 거센 놈이라고 하지만 혼자서 아홉 마리를 처리하지는 못했을 터인데, 주위를 둘러봐도 닭들의 흔적은 뜯겨진 털 말고는 찾을 수가 없었다.

아리는 어디 있느냐고 물었다. 아리는 숙소의 현관 구석에 웅크리고 숨어 있다는 것이다. 아리에게 가보았다. 아리는 잔뜩 겁먹은 표정으로 나를 보고도 멍하게 쭈그리고 앉아 있었다. 나는 갑자기 아리가 괜히 미운 생각이 들었다. 아리도 침입자를 막는데 전혀 도움이 되지 못했다는 생각이 들었고, 문득 아리도 공범(?)이 아닐까 하는 생각이 들었다. 서서히 주위가 어두워지기 시작했다. 그때 어디선가 닭 울음소리가 희미하게 들려왔다. 모두들 그 울음소리를 더듬어서 가보았다. 닭들은 회사 밖에 있는 하수구 밑에 모두 숨어 있었다. 그중에 한 마리는 망나니에게 희생당해 죽어 있었고, 나머지 일곱 마리는 필사의 도주 끝에 하수구에 겨우 몸을 피해 있었던 모양이다. 그 이후로도 닭들은 충격으로 제대로 기운을 차리지 못했다. 아리 역시 이 사건 이후로 충격에서 헤어나지 못했고 가족들에게도 약간 소외당했다. 아리는 결국 우리 공장을 떠났다. 망나니 들개를 따라간 모양이다. 이번 사건은 아리와 직접적 관계는 없다. 그 망나니 들개는 아리에게 접근했을 것이고, 닭장에 닭들을 보자 탐욕이 솟구쳤을 것이다. 망나니의 악행을 아리인들 어떻게 감당하지 못했을 것이다. 아리가 저항을 했는지도 모르겠다. 한 마리가 살아 있었으니까 아리가 도와주지 않았을까 하는 추리도 해본다. 아니 이런 생각을 하는 것도 나의 위안이다. 아리가 이 공포의 현장을 그냥 방관하지는 않았을 것이라고. 한 마리 살아남은 암탉의 안전을 위해서 끝까지 저항했을 거라고. 막연한 추리고 나 자신에 대한 위안이다.

아리와 우리들의 2년 동안의 정다운 인연은 이렇게 해서 끊어졌다. 그 후에도 아리의 소식을 모른다. 언젠가는 돌아오겠지 생각하지만 막연한 희망에 지나지 않는다. 도로에서 로드킬당한 동물들을 보면 문득 아리가 생각나서 가슴을 쓸어 내리곤 한다.

삶, 그 행복의 조건

허리케인 '카트리나'로 인한 사망자만 수천 명에 달하고, 비문명국에서나 일어남 직한 약탈과 폭력이 난무한다는 뉴스를 보면서 세계의 초문명국 미국에서 일어난 사건이라고는 도저히 믿을 수가 없었다. 솔직히 말해서, 아프리카의 어느 오지 국가나, 아시아의 어느 최빈국에서 일어난 자연의 재앙이라 생각했다. 미국의 루이지애나 주 뉴올리언스 시, 미시시피 강과 거대한 폰차트레인 호수를 끼고 있는 아름다운 수변도시가 순식간에 사발에 물이 차듯 수중도시로 변해버린 것이다. 주 원인은 자연완충작용이 뛰어난 거대한 해안습지가 홍수를 막기 위한 인공제방 구축으로 소멸되어 버려서, 카트리나가 몰고온 비는 미시시피 강과 폰차트레인 호수로 여과 없이 쏟아져 버린 무서운 인재라는 사실이다. 결국 자연이 자기를 파괴시킨 문명에게 엄청난 무서운 보복을 한 셈이다.

지방화시대가 개막되고 나서 초기엔 지자체의 무분별한 난개발이 성행하여, 천혜의 자연이 훼손되어 환경이 죽어갔다. 복구하는 과정에서 엄청난 재원낭비의 초래로 인하여, 지방정부의 존폐마저 흔들릴 정도였다. 다행히 이러한 문제의 심각성을 인식한 지방정부마다 환경정책이 인공 중심에서 인간 중심으로 바뀌어 감에 따라 많은 과시적 변화가 일어나는 것을 보고 참으로 다행스럽고 바람직한 일이 아닐 수 없다. 이제는 환경을 제대로 보존하고 관리하여 개발과 적절히 조화시켜 나가는 지방정부가 경쟁력에서 선도하고 있다. 특히, "신행정수도 후속대책을 위한 연기 · 공주지역 행정중심복합도시 건설을 위한 특별법"이 국회 본회의에서 통과됨으로써 정부 부처의 지방 이전이 가시화되고 있고, 각 시 · 군 지방정부가 공공기관유치와 연계한 혁신도시 유치에 전력을 쏟고 있는 것을 보면서, 예측 가능한 비전을 제시하면서 확실하게 대비해온 지방정부와 현상에만 급급하고 제대로 준비되지 못한 지방정부와 비교되면서 새삼, 교훈으로 일깨워진다.

사람에게 가장 큰 행복의 조건은 살기 좋은 곳에서 안락을 누리면서 사는 것이다. 물론 그 속에는 천혜의 자연환경(물, 공기, 주거 환경)과 자기 삶의 터전(일자리), 그리고 필요한 것은 언제라도 빠르게, 안심하고 확실하게 공급받을 수 있는 조건(이 속에 교육 여건도 포함됨)이 충족되어야만 한다. 국가의 공공기관 지방이전 정책과 이에 대한 지방정부의 유치 배경도 이러한 상생의 조화가 갖추어 졌을 때, 비로소 수요

자나 공급자가 기분 좋게 손뼉을 치면서 결정을 할 수가 있는 것이다.

이번에 우리 고성군도 혁신도시 유치를 신청했다. 객관적인 입장에서 보더라도 조건의 타당성은 충족되고, 또한 입증되고 있다고 본다. 정말 다행스러운 일은 국가가 제시한 조건에 맞게 고스란히 잘 보존 관리해 오고 있다는 사실이다. 먼저 천혜의 자연 조건, 인근 도시와의 접근성이 뛰어나 건강과 장수, 그리고 부족함이 없는 생활 여건이 충분하게 잘 갖추어져 있다. 그리고 많은 사람들에게 회자되고 있는 것은 고성이 끊임없이 많은 인물을 배출하는 생산의 땅이며, 인근 배후도시를 아우르는 허브의 땅이며, 인재가 배출되는 기氣가 살아 있는 길지吉地라는 것이다. 언제라도 계기(즉, 혁신도시 유치)만 부여되면 성장 동력의 시너지 효과가 극대화될 수 있는 잠재력이 꿈틀거리고 있는 곳이다.

이번 혁신도시 유치경쟁을 지켜보면서 우리 고성군의 이러한 잠재력과 국가의 성장동력 축이 찰떡궁합으로 만난다면, 지방분권시대 참으로 바람직한 혁신적인 모델이 될 수 있지 않을까 기대하면서 확신해 본다.

재정자립도의 블랙홀

재정자립도라는 게 있다. 지방자치시대 널리 회자되고 있는 용어인데, 아직까지도 이에 대한 개념의 차이로 간간이 논란이 되고 있다. 재정자립도를 알기 쉽게 얘기하면 지방자치단체의 자체수입(지방세 및 세외수입)을 전체수입(세입총액)으로 나눈 것이 된다. 여기서 전체수입이란 지방세수입, 세외수입, 국고보조금, 지방 교부세 등을 모두 합친 것이 된다. 이 공식을 두고 한 달에 100만 원 수입으로 생활하는 근로자와 한 달에 500만 원의 수입이 부족해서 월 100만씩을 부모로부터 보조를 받는 젊은 사업가의 예를 든다.

근로자의 재정자립도는 100%가 되며 젊은 사업가의 경우는 90%가 되는 셈인데, 현격한 질적인 차이를 느낄 수가 있다. 재정규모 자체가 큰 의미가 될 수 있는데, 위의 사례에는 이러한 규모문제를 반영하지 않고 있다.

둘째는 재정 지출의 내역, 즉 세출의 질을 고려하지 않고 있다는 점이다. 100만 원짜리 수입과 500만 원짜리 수입에서 삶의 질이 같을 수가 있겠는가. 지방자치단체의 경우 지출의 내용 역시 중요하다. 재정의 탄력성을 고려하지 못한다는 비판도 면하기 어렵다. 셋째, 전반적으로 국고보조금이나 지방교부세 등 밖에서 들어오는 지원금이 재정자립도를 좌우하게 되어 있는 것도 문제이다. 한마디로 지방자치단체의 사정과 관계없이 중앙정부가 지원을 하지 않으면 자립도가 올라가는 모순을 안고 있는 셈이다. 넷째는 중앙정부에 의한 재정지원의 형태를 고려하지도 않고 '의존재원'으로 일괄 처리하고 있는 것도 문제가 될 수 있다. 자치권 행사에 있어서 의존재원의 비중보다는 지원방식에 따라서 대단히 중요한 변수가 작용하는 데도, 이를 전혀 감안하지 못하고 있다는 점이다. 따라서 세입총액에 대한 자주재원의 비율을 재정자립도로 보는 이러한 산정방식은 지방자치단체의 재정능력을 보여주는 적절한 지표가 되지 못하고 있는 게 사실이다.

그동안 지방자치단체마다 재정규모만 잔뜩 부풀려 놓아, 현 상태를 지속하려면 빚을 내어서라도 유지하지 않으면 어렵게 되어 있다. 선심성 국비 예산이나 경영진단도 제대로 하지 않은 상태에서 중앙정부로부터 과다하게 차입해서 벌여 놓은 경영수익사업으로 인한 재정적자 등 사상누각처럼 되어버린 지방재정 규모를 줄일 수 있는 방법을 찾기란 정말 어렵다. 계산이 뻔한 지방재정수입은 국비지원으로 확보된 사업에 운영비 내지 부담금으로 빨려 들어가 버린다. 마치 블랙홀 현상을 보는 것 같다. 국비의존 현상이 갈수록 심화되고 있다. 우리 지역에 시군통합 여론조사 발표가 있고 나서, 고성지역에서는 시군 통합 반대 현수막이 온 지역에 도배를 하다시피 걸렸었다. 정서적인 측면에서는 충분히 이해가 간다. 어느 누가 자기 지역이 대등한 통합이 아닌 합병 수준의 통합으로 이름조차 없어지는 것을 찬성하겠는가. 그러나 문제는 이것이 고성군민의 진정한 민의가 반영된 것 아니라는 점이다. 요란한 소수보다는 침묵하는 다수가 많다는 것이 곳곳에서 감지되고 있는 것을 느낀다는 것은 군민의 한 사람으로서 고통스러운 일이다.

이제는 교통과 정보의 발달로 인해서 자기 지역에 대한 소속감이나 연대의식, 지역 간 경계에 대한 의미가 탈분화되고 있다. 게다가 선거 때만 되면 인구 10만 고성건설이라는 공약은 이제는 군민에게 식상하고 폐기처분된 지 오래다. 누구 하나 책임도 없다. 부끄러운 일이다. 지방자치단체의 재정규모가 갈수로 비대화되어가는 것은 국가적인 차원이나 지방자치의 미래를 봐서도 심각한 일이다. 이에 대한 처방으로 시군 통합도 하나의 방법이 될 수가 있다. 답답하고 안타까운 일이다. 선택은 지역민의 몫이다.

소장수 의원님

지자제(지방자치제도) 선거가 일년도 채 남지 않았다. 세상이 참 좋아졌다. 민초들이 4년마다 정기적으로 선거의 상품이 될 수 있고, 선거의 상품을 선택할 수도 있기 때문이다.

그동안 자천타천으로 지방정치무대에 입성하기 위해서 준비해온 지방정치인들이 차츰 부각되기 시작한다. 250여 개의 크고 작은 지방정부를 가지고 있는 우리나라의 국력도 대단하지만, 이 과정에서 끊임없이 만들어지는 인재의 인프라 역시 민주국가 건설의 튼실한 동력원이다.

나는 가끔씩 우리나라가 지금까지 중앙집권 국가형태로 남아 있었다면 어떻게 되었을까 하는 생각을 하게 된다. 국민 대다수가 똑똑하고 전문가이며 그들이 쏟아내는 수많은 욕구불만을 순환 정제시켜야 하는 요즘 시대에서 과연 중앙집권형태의 정치가 제대로 기능할 수 있을까 하는 의문이 생기는 것이다.

기우라고 생각하는 사람도 있을 것이고, 지자제의 일부 부작용으로 무용론을 주장하는 사람도 있었지만, 지금 와서는 근본적으로 부정하는 사람은 거의 없는 것 같아서 지자제 실시 15년여 만에 어렵게 이루어낸 공적이 아닐까 생각된다.

우선 현실적으로 우리들의 피부로 와 닿는 것으로는 첫째, 선거에 대한 거부감, 부담감, 두려움이 적어졌다는 것이다. 선거에 모든 것을 던졌던 옛날 선거 방법과 비교해보면 정말 우리 주민들이 보이지 않게 민주적으로 체화 성장해왔다는 것을 느끼게 된다.

둘째, 국가 장래에 대한 예측이 가능해졌고, 돌발변수에 대한 대응장치가 확고해졌다는 점이다. 예기치 못한 돌발변수로 체제전복 위기나 물리적 정권교체를 경험했던 과거의 전례를 상기해보면, 그동안 수많은 크고 작은 대내외의 격변의 사태가 일어나도 전혀 흔들리지 않았던 국가정체성을 보고 정말 우리나라가 대단한 힘을 가지고 있구나, 이러한 기반이 지자제로 훈련된 지방정부의 힘 때문이다.

셋째, 지자제 덕분에 정말 좋은 인물들이 계속적으로 양성되고 있으며, 지방 속으로 국가 속으로 맞춤형 인재가 되어 잘 순환되고 있다는 점이다. 앞으로 국가, 지역에서 어떠한 어려움이 일어나더라도 스스로 해결할 수 있는 자생력을 가지고 있다고 본다.

선진 지방 정치를 만들어가는 것은
이를 운용하는 사람의 도덕적 의지와 철학이 중요한 덕목

지자제 단체장이나 의원 후보에 대한 자격요건에 대해서 말들을 많이 한다. 원론적으로 대표성, 대중성, 전문성, 도덕성, 철학, 비전 등등, 이 모든 것을 다 갖춘 사람이라면 두말할 필요도 없겠지만 선거란 성인군자를 뽑는 것만은 아니라서 이러한 자격요건에 다 충족되기는 여간 어렵지 않다. 이러한 요건 중에 중요하게 대두되는 것이 도덕성과 전문성이다. 어찌 보면, 동전의 양면과 같은 것이지만, 아무리 전문성이 좋아도 결정적 순간에 변절해버리면 그 전문성은 약藥이 아닌 독毒으로 변해 버리는 것이다. 오죽하면 아는 것이 병이라고 했던가.

우리는 주위에 이러한 사례들을 종종 본다. 모든 분야에서 전문가들은 분명히 답을 가지고 있는 데도 결정적인 순간에 도덕성이 무너져버리면 상대의 이해에 야합해버리고 마는 것이다. 몰라서 못하는 것이 아니라 알고도 안 하는 것이며, 경우에 따라서는 알기 때문에 못하는 수도 있다.

나 역시 지방의원을 하면서 이런 경우를 종종 겪게 된다. 나 자신도 이런 문제에 완전 자유로울 수는 없다. 다수결에 의한 타협과 양보는 역기능적인 측면도 있지만 민주적 절차과정에서의 부득이한 선택권일 수밖에 없다. 낮엔 야당, 밤에 여당 한다는 말이 있다. 지금에야 그런 경우가 덜하지만, 요즘에도 가끔씩 그러한 후진적 그림자가 비치는 것을 보면서 선진정치를 만들어가는 것은 전문성, 제도나 법도 중요하지만 이를 운용하는 사람의 도덕적 의지와 철학이 정말 중요한 덕목이구나 하는 것을 실감하게 된다.

민초가 권력의 축으로부터 멀어져 있는 한 민초를 위한 권력은 없다

지자제 실시 초기에는 지방정치에 입문하는 사람들의 성향이 중 · 상층 지향의 시스템바이어스system bias(체제편향)적 경향이 강했다. 지역 민초들로 다양한 색깔의 인물들이 고르게 분포된 지방정치 권력구조가 되어야 하는데 대체로 지역 이해관계와 밀접한 토호 출신들로 구성되어 역기능 방향으로 가는 경우도 있었다. 그 지역의 민초들인 쌀장수, 소장수, 농부가 지방정치의 주인이 되는 것보다 낙하산 인물, 수입된 인물, 지역토호들이 입성하여 외래종에 의해서 토종이 밀려나는 기현상을 가져와 지자제의 정체성을 심각하게 흔드는 경향이 있었다. 오랫동안 우리는 중앙집권화 체제 아래 '民主'가 아닌 '爲民'의 철학에 길들여져 있었기 때문에 백성은 지배 엘리트가 보살피지 않으면 단 하루도 제대로 살아갈 수 없는 수동적 존재로 여겨졌다. 그러다보니 정치는 오로지 똑똑하고 많이 배운 자만이 할 수 있는 것이고, 민초들인 백성이 정치를 하면 나라가 엉망이 된다고 믿게 했다.

민초가 권력의 중심에서 멀어져 있는 한 민초를 위한 권력은 존재하지 않는다고 본다. 'by the people(국민에 의한)'이 없는 'for the people(국민을 위한)'은 있을 수 없다. 지방의 민초, 즉 토종들인 동네

쌀장수와 소장수, 농부가 골고루 지방정치 무대에 입성하여 생활정치를 통해 이들이 지방정부의 행정과 법을 배워 정의롭고 당당하게 행위할 때 진정 '민주'와 '위민'이 함께하는 올바른 지방자치시대가 한 단계 더 나아가는 계기가 될 수 있다. 그래서 내년에도 희망의 끈을 놓을 수 없다.

청렴의무

자살은 어떤 경우라도 명분을 보상받을 수 없다

요즘 들어 사회적, 국가적으로 큰 책임을 지고 있는 분들의 자살 소식을 들으면 심히 유감스럽고 안타까운 심정을 금할 수가 없다. '오죽하면 그러한 행위를 했을까' 하는 일말의 이해와 동정심이 일지 않는 것은 아니지만 자살은 어떤 경우라도 명분을 쌓을 수는 없으며 미화될 수 없다고 본다. '좀 더 당당하게 대응할 수는 없었을까' 하는 아쉬움이 크다.

하지만 인력으로 안 되는 것이 인간사다. 자살 행위는 순식간에 몰려오는 소외감과 우울감에 자신의 의지와 이성이 무너지고 마비되어 자신도 모르게 선택하는 행위다. 그래서 자살을 자기를 죽이는 행위로 살인의 범주에 넣는다. 나라를 위해서 목숨을 스스로 끊은 충신이나 애국

지사의 자결과는 그 의미나 가치관이 다를 수밖에 없다.

탐욕이란 끝이 없어 밑 빠진 독에 물 붓기

지방자치의 역사가 시작된 지 20년이 가까워오지만 그동안 민선에 의해서 선택받은 공직자들의 일탈행위는 옥석을 정확히 가리기는 힘들겠지만 위험수위를 넘고 있다. 특히 임기 말엔 부패현상이 더욱 심해진다. 사람이 있는 곳에 부정부패가 따르기 마련이듯 사람의 욕심은 유혹에 약하여 부정에 물들고 결국 부패되어 주위를 오염시키고 타락시키고 추락하게 된다. 특히 지방정부의 제왕(?)이라고 하는 단체장이나 민선직들의 부정부패에 대한 일탈행위는 드러나는 것이 빙산의 일각이라고 표현되고 있다.

각종 사업에 대한 이권 개입, 각종 공직인사에 대한 비리 즉, 매관매직 등은 대다수가 심증은 있지만 확증(?)이 없어 결국 루머로 돌아가버리는 경향이다. 자신에게 주어진 환경이 유혹에서 약하게 만드는 것 같다. 적절한 표현인지는 모르겠지만 술자리 자주하는 사람일수록 실수를 많이 하고 싸움꾼들 속에 어울리면 싸움꾼이 될 수밖에 없다.

지역 발전시킨다고 무리하게 정부 예산 끌어다가 투자하고 민자 유치시키는 행위도 필요한 시책이지만 그 와중에 온갖 부정의 무리들과 검은 돈이 마구 돌아다니는 세상에 어느 누구인들 자유로울 수가 있겠는가. 특히 임기 말년에 자신의 정치적인 욕구를 더욱 상승시키려는 사람들은 돈과 인맥이 정치적 생명줄이라고 생각하는 것 같다. 탐욕이란 끝이 없어 밑 빠진 독에 물 붓기다.

모든 공직자들이 스스로 자신의 탐심을 제어하는 훈련을 하지 못하면 나라가 멍든다. 공직자의 부정과 부패행위는 직위고하를 막론하고 일어나고 있다. 금력 앞에서 초연해질 수 있는 하위직 공직자도 있다지만 일 년에 수억의 기관업무 추진비를 만지는 고위공직자가 더 욕심을 부리는 것도 마음속에 도사라고 있는 탐심의 유혹 때문이다. 이러한 것을 감시하고 감독하고 제어하는 시스템이 갖추어져 있지 않거나 제대로 가동되지 않으면 부정부패의 늪은 더욱 깊어지고 결국 조직과 지역, 나아가 나라를 멍들게 하는 결과를 만든다. 장정 열 명이 도둑 한 명을 지키지 못하듯이 모든 공직자들이 스스로 자신의 탐심을 제어하는 훈련을 하지 못하면 부정부패의 고리를 끊어 나갈 수 없다.

혹자는 얘기한다. 털어 먼지 안 나는 사람 있느냐고. 허나 먼지는 남이 털어주는 것이 아니라 자신이 터는 것이기 때문에 이런 얘기는 빈약한 변명에 불과할 뿐이다. 그래서 정권이 바뀔 때마다 일어나는 사정행위를 칼 쥔 자의 정치적 행위로 해석하고 폄하시키려고 하면서 책임모면하기에 바쁘다. 억울하다느니, 재수 없이 걸렸다느니 약자의 동정심을 유발시키려하고 여론을 호도하려고 한다. 어느 정도 억울한 측면도 없지는 않겠지만 공직자가 청렴해야 한다는 것은 필히 지켜가야 할 청렴의무가 아니겠는가. 청소는 한 번만 하고 끝낼 수 없다. 청소부는 매일 정기적으로 청소를 하여 쓰레기가 쌓이지 않도록 해야 한다. 그래서 진실로 초심을 잃지 않고 공직업무를 훌륭하게 수행한 공직자가 드러나면 두 번 세 번 맡겨도 지역주민들이 안심하고 박수치면서 더욱더 지지할 것이다.

공직자의 청렴지수가 필수적 치료요법

고위공직에 계시다가 퇴임한 필자의 가형께서 재임 중에 항상 하던 말이 생각난다. 공직자는 나라에서 주는 녹봉만 가지고도 깨끗하게 생활할 수 있는 데 다른 데 욕심낼 필요가 없다고. 맞는 말이다. 적든 크든 나라가 녹봉을 주기 때문에 분수에 맞추어 생활하면 욕심낼 필요가 없다. 우리 주위에 공직자들의 가족이 생활에 보탬이 될까 봐서 부업을 하는 경우를 종종 본다. 나는 이런 모습들을 볼 때마다 공직자의 청빈이 정말 아름답다고 느낀다.

앞으로 세상은 갈수록 복잡해지고 기능은 다원화되고 온갖 욕구들이 시시각각 분출되면서 기술적 · 전략적이고 다원적인 대응이 요구되고 있다.

이러한 장치는 제도적 시스템의 구축으로 다 막을 수 없다. 중요한 것은 공직자의 청렴지수가 필수적 치료요법이라고 본다.

세상에 절대로 공짜는 없다

요즘 청목회 사건으로 정치권은 시끄럽고 국민들은 냉소적이다. 자기들끼리 살려고 구명도생하는 분위기다. 뭐한 자(?)가 성낸다고 검찰총장 해임 안이니 법무장관 사퇴 운운하면서 상임위 회의까지 열지 않겠다고 한다. 법안을, 민생법안을 처리하지 않겠다며 은근 협박(?)이다. 자기들 입장에서 보면 치부를 드러낸 셈이기 때문이다. 이번 사건은 어린애의 코 묻은 돈을 꼬시거나 시장판 하루살이 노점상의 자릿세를 갈취한 깡패들의 짓거리(?)나 별로 다를 바가 없다는 것이 국민들의 공통된 시각이다. 그러니 조용히 자숙하라는 무언의 경계이다. 이번 사건으로 정리되어야 할 것은 깨끗이 정리되어야 한다. 이것이 정치권의 자연 정화현상이다. 등잔 밑이 어둡다고 우리 지방정치권에도 이런 일들이 없는지 살펴보고 반성해야 한다.

갈수록 다원화되어 가는 사회에서 무수한 이익단체들이 생겨나고 있다. 그들은 표를 무기로 중앙이나 지방정치권에 자기 이익을 요구한다. 처음엔 행위의 정당성에서부터 도가 넘치면 온갖 수단과 방법을 가리지 않고 자기요구를 관철하려고 든다. 항심을 잃은 일부의 정치인들은 판단이 흐려질 수도 있다.

세상은 공평한 것이 불변의 진리인데도 잘못된 권력은 종종 착각하는 경우가 있는가 보다.

특정한 한곳에 이익을 주려면 다른 데서 빼앗아 주어야 한다. 이러다 보면 서로가 지키려고 각축을 한다. 그럴수록 빈부의 격차가 심화되고 잘못하면 민심이 돌아선다. 청목회 역시 예외는 아닐 것 같다. 처음엔 정당성에서부터 차츰차츰 밀월관계가 유지되고 나중에는 도를 넘어 공생관계로 변질되어 갔을 것이다.

어떤 단체든 자기들의 이익을 위해서 로비를 할 수도 있다. 그러나 로비의 정당성이나 방법이 문제다. 이번 청목회 사건은 이런 방법이라도 동원하지 않으면 의원들이 관심도 없으니까 무리수를 쓴 절박함도 있었을 것이다. 한편으론 체의 몇몇 간부들의 지나친 공명심이 사건을 확대시켰을 수도 있다. 이번 사건의 경우엔 불법도 단순한 불법이 아니라 조직적이고 대담하다는 데 있다. 국회의원은 법이 허용하는 범위에서 후원금을 받을 수 있다. 그리고 유권자라면 누구나 자기가 지지하는 의원에게 후원금을 낼 수가 있다. 고액후원금보다는 소액후원금이 많을수록 건강한 정치, 튼튼한 민주주의가 된다. 그래서 정당한 후원금은 법으로 보호해주고 세금 혜택까지 주고 있다. 소액후원금의 소중하고 아름다운 가치가 여기에 있다. 그러나 대부분의 의원들은 소액후원금보다는 고액후원금(법적으로 한도가 있겠지만)을 선호한다. 연말이 되면 의원들의 후원금 액수가 공개되는데 후원 금액보다는 후원자 수를 보면 그 의원의 면면이나 의정활동을 평가할 수 있다.

문제는 정치비용이 많이 소모되는 우리 정치 현실에서 진정으로 보내주는 소액후원금은 질보다 양에 치중하는 대다수 의원들에게는 그저 의례적으로 고마울 뿐이다. 그래서 이익 단체들은 편법을 동원해서 회원들 개개인에게 소액으로 쪼개어서 후원하기도 하는 모양이다. 그러다가 간이 커져 비공식적으로 대가성 거래를 하다보면 불법으로 걸려 낭패를 보는 경우도 종종 볼 수 있다. 그분들은 대가성은 절대로 없었다고 변명하지만 대가성 기준이 어디까지이고 어느 정도인지 심각하게 묻고 싶다. 이 세상엔 절대로 공짜는 없다고, 한 점 부끄러움 없이 고위공직을 마감하신 분이 하신 말씀인데 정말 공감되는 말씀이다. '절대'란 함부로 인용할 수 없는 단어이지만 공짜 앞에 붙이기는 가장 적절한 단어인 것 같다.

사람에겐 누구나 보상심리가 있기 마련이다. 선의로 주고받은 것은 표가 없지만 물질로 주고받은 것은 분명히 찌꺼기를 남긴다. 이렇게 가장된 선의가 개인의 욕심에 따라서는 엄청난 차이의 보상을 챙기기 마련이며 결국 지역사회와 국가에 해를 끼치는 결과를 초래한다.

이번 청목회 사건이나 항간에 일어난 크고 작은 공직자의 수뢰사건들은 공짜 좋아하고 겁을 내지 않았던 사람들의 오만방자함이 빚어낸 참으로 유치하고 부끄러운 사건이다. 청원경찰은 국가기관 또는 지방자치단체에서 보통 출입관리, 청사방호, 차량통제, 민원인 안내 업무를 맡고 있는 분들인데 이렇게 고생하는 분들의 처우나 복지문제가 정식적 절차에 의해 수렴되어 정당하게 다루어 질 수가 없었는지 참으로 유감스럽다.

그리고 이런 소란으로 정말 중앙이나 지방의 민생법안이나 정책들이 소리 없이 사장되어 가고 있지나 않은지 지켜 보아야 한다. 정치인들의 손안에 민심이 있는 것이 아니라 민심의 손안에 당신들의 존재가 있다는 사실을 잊지 않도록 하는 것이 민심이 올바로 흐르는 길이다.

상품론

선거철이다. 앞으로 본격적인 선거전이 시작된다. 주가 총선이고, 일부 지역의 지방자치단체장, 지방의원 보궐, 내지 재선거도 동시에 치러진다. 지역민이나 국민들 역시 그동안 선거를 정례적으로, 그리고 많은 종류의 선거를 치르다보니, 대체적으로 면역이 잘되어 있다. 민주주의 실습을 잘해온 덕분이다. 과거의 선거는 당선되면 임기 후에 망하고, 낙선하면 선거 끝나고 망한다는 속설이 실제적으로 현실화되곤 했다. 그러나 지금은 많이 성숙한 편이다.

선거를 시장에, 후보자를 상품에, 유권자를 구매자, 소비자로 비유해보자. 선거전(시장)이라는 공간 속에서 진열된 상품들(후보자들)이 소비자(유권자)들의 구매를 충동질하고 있다. 방법도 가지가지다. 당당하게 상품의 품질로 승부하는 후보들이 있는가 하면, 품질에 자신이 없어 돈과 수단을 동원하여, 유권자들을 현혹하고 판단을 흐리게 하는 경우도 있다. 소비자들(유권자들)의 계층이 다양한 도시지역에서는 이러한 눈속임은 상대적으로 덜하다. 이곳에서는 상품들(후보자들) 역시 어느 정도 자생력을 갖추고 있다. 그러나 농촌지역에서는 한계를 뚜렷하게 보인다.

시장(선거전)이라는 공간 속에서 상품들의 질과 수가 다양하며, 저마다 경쟁력을 갖추고 뛰어든다. 대기업(대정당)에서 생산된 상품이 있는가 하면, 중소기업(군소정당)에서 만든 상품들 역시 경쟁 속으로 뛰어들지만, 상대적으로 경쟁력이 약할 수밖에 없다. 그중에서 더러 빛을 발하면서 소비자의 선택을 받는 상품들도 있긴 하지만, 극히 예외적인 경우에 속한다.

자본주의 시장경제가 발달할수록 브랜드 있는 기업에서 출시된 제품들만이 소비자의 구매 욕구에 맞게 경쟁력을 맞추어 나가고 있다. 정치 역시 이렇게 시장경제의 성장 발전과 맞추어 나간다면 우리나라, 우리 사회는 얼마나 아름답고 튼튼한 사회로 나아갈 것인가. 이런 바람은 소시민의 꿈에 불과한 것인가. 시장의 발전 속에 생산되는 상품들은 날로 변화 발전해가는데, 정치라는 시장에서 생산된 정치인이라는 상품은 개개인의 면면은 훌륭하지만, 의회라는 집단공간 속에서는 하나같이 집단최면에 빠진 로봇상태다.

기업주의 경영부실로 부도 직전에 기업명을 바꾸고 변신을 시도하려고 하는 경우가 있다. 소위 요즘 써먹고 있는 당 명칭 변경이다. 눈 가리고 아웅하는 셈이다. 소비자 역시 알고도 속는다. 울며 겨자 먹기로 선택을 할 수밖에 없다. 상품의 품질을 떠나서 포장만 바꾸어 시장에 내놓아도 독과점 체제의 현 지배구조 상황에서는 선택의 폭이 좁아질 수밖에 없다.

특히 농촌지역에서의 소비자(유권자)는 더욱 그렇다. 지역에서 상품을 잘 만들어 내놓을 수 있는 환경 역시 열악하다. 지역에 자생하는 상품들은 대부분 생계지향적 상품들이기 때문에 일회용으로 전락한다. 그래서 자생적 텃밭을 만들지 못하고 있다가, 대기업의 독과점 상품들에 의해서 점령당하는 꼴이 되어 버린다. 소위 지역 민의를 무시한 낙하산 공천이 바로 그것이다. 지방의 유권자들 입장에서는 정말 억울한 일이지만 올바른 여건을 갖추지 못한 책임 역시 어느 정도 자신들에게 있기 때문에 울며 겨자 먹기로 대정당의 독과점 룰(?)에 따를 수밖에 없다. 그렇다고 불매운동을 하자니 중간 거간꾼들의 조직적인 방해로 힘을 잃는다. 그러나 이러한 문제들을 다 부정적으로 볼 수는 없다. 시장은 다양한 사람들의 근원적인 자유의지를 향한 끝없는 함성으로 항상 충전 중이다.

이제 며칠 후면 우리 지역에도 총선 여당 예비후보들의 경선이 치러진다. 경위야 어찌되었건 모처럼 이루어지는 역사적 사건이다. 우리지역 유권자들이 과연 어떤 상품을 고를지 주목된다. 그래도 구관이 명관이 될지, 새로 출시된 상품이 유권자의 구매충동을 촉구할지, 다가오는 경선은 지역민들에게 관심과 흥행을 배가시키고 있다. 걱정스러운 것은 이 과정에서 또 다른 불법 타락선거 형태가 돌출되지나 않을지 경계해야 할 일이다. 아무쪼록 페어 경선을 통해서 선택된 후보가 유권자들에게 신뢰받고 지지받을 수 있는 경선이 되었으면 하는 바람 간절하다.

선수와 심판

봄이 얼마 남지 않았다. 올해는 지방정치의 봄도 같이 와서, 더욱 의미 깊다. 지방자치 한 지가 10년이 넘었고, 지방의 명운이 좌우될 5 · 31 지방선거도 얼마 남지 않았다. 모처럼 지방정가(정당)는 활기로 가득 차다. 기초의회 정당공천제와 의원 유급제 도입 덕분이다. 주식시세로 치자면, 연일 정치주가가 오르고 있는 셈이다. 지역 연고의 기득권이 높은 정당일수록 더욱 상종가를 치고 있다. 그동안 지방자치가 잘 되어서, 지방정치를 잘해서 지역민이 지방 정치를 아끼고 사랑해서 이렇게 정치주가가 올라가고 있다면 얼마나 가슴 설레이고 기분 짱이겠는가.

솔직한 기분으로 주가 조작 같은 기분이 들어 찜찜하다. 언론 매체나 여론 계층을 통해서 각 지역의 수명에서 십수 명에 이르는 예비후보자들의 정보들이 쏟아지고 있다. 후보자가 많은 것이, 한편으로 선택의 입장에서 좋은 일이지만 문제는 지역민이 믿고 사랑하는 후보자들이 별로 없다는 데 있다. 정당의 문턱은 수많은 정치 지망생들로 반질거리고, 사람과 정치 자금이 몰리고 있는데, 왠지 선수(후보자), 심판(유권자), 구단(정당)사람들 그렇게 썩 기분 좋은 얼굴은 아니다. 선수들은 사색이 되어 있고, 구단 측 사람들은 뭔가 먹을 걸 못 먹은 기색이고, 심판들은 무관심이 도를 넘쳐, 이번 경기에 심판 출전을 포기할 자세다. 큰일이다. 경기에 심판이 되어야 할 지역민(유권자)이 권한과 임무를 회피할 조짐이 보인다. 4년마다 돌아오는 월드컵 경기는 손꼽아 기다리면서, 지방정치 축제가 되어야 할 지방선거는 그저 까마귀 활 본 듯하는 것은, 왜 그럴까.

이번에도 겉만 그렇지 경기 내용은 뻔한(?) 모양이다. 겉은 약간의 이벤트성 경기로 고친 것이 사실이지만 내용은 거의 짜고 치는 고스톱(?) 식이다. 그러니, 지역민들에게 제대로 먹혀들지 않고, 더욱 방관과 냉소주의가 가중될 수밖에 없다. 한마디로 심판 없는 경기가 될까 두렵다. 결국 선수들은 기회만 생기면 부정을 하려고 혈안이 될 것이고, 결국 심판과 관전자 없는 최악의 경기로 끝나지나 않을지. 지역민의 세금으로 지급되는 의원 보수가 새로운 형태의 변형된 정치자금의 먹이사슬 구실이 되지나 않을까. 지금, 강 시장-약 의회형의 지방자치구조에서 자치단체장의 권한은 과히 제왕적이라는 말이 나올 정도로 막강하다. 특히 지역 연고에 깊은 뿌리를 둔 정당이나, 감시나 견제기능이 상대적으로 덜한 농촌지역의 자치단체에서는 자치단체장의 비전이나 전문성, 도덕성이나 청렴성, 현장문제 해결 능력의 여부에 따라서 지역과 지역민의 생사가 달려 있다고 해도 과언이 아니다. 지방권력구조상 정책결정에 가장 영향력을 미칠 수 있는 집단이 선거에 의해서 당선된 집단들로, 자치단체장과 지방의회인 것이다. 그만큼 이번 선거는 정말 중요하다. 장정 열 명이 도둑 하나 잡지 못한다는 말이 있듯이, 감시기관에서 미치지 못하는 부분은 지역민이 주심이 되어 엄정하게 심판해야 한다. 고양이에게 생선가게를 맡길 수는 없지 않은가. 이번 선거에서 관중이 되지 말고 철저하게 심판이 되자. 그것도 주심이 되어야 할 것이다. 이미 주사위는 던져졌다. 천지개벽이 일어나지 않는 이상, 경기는 계획대로 진행될 것이다.

선수들이여! 제발 부탁하지만 멋지게 페어플레이하자. 지역민들은 주심이 되어 확실하고 엄정한 심판을 해서 이번 선거가 월드컵 이상의 축제가 되도록 하자. 앞으로, 세상은 넓고 우리들이 할 일 또한 얼마나 많은가.

대리 권력자들

청와대 민간사찰사건이 갈수록 점입가경이(?)다. 국민들이 상식으로 이해를 하지 못할, 구시대 정권에서나 있었던 사건이다. 핵 안보 정상회담 주최국으로서의 위상을 떨치면서, 선진 민주강국으로 가는 현시점에서, 그것도 권력의 핵이 집중되고 있는 청와대의 비서라인에서 공작했다는 자체가 국민들에게 충격이며 수치심을 더하게 한다.

비서라인이란 어떤 곳인가. 대통령이 임기 동안 국정수행을 올바르게 할 수 있도록, 노심초사 주야장천하면서, 대통령의 귀와 눈이 되어주는 자리가 아닌가. 이런 막중한 임무를 가지고 들어온 사람들이, 대통령의 권력을 횡령하였다. 비선라인을 가동시켜 시키지도 않은, 절대로 해서는 안 될 엉터리 짓거리를 하면서 대통령의 귀와 눈을 막고 흐리게 했다. 등잔 밑이 어둡다는 속담이 실감나며, 고양이에게 생선가게를 맡긴 꼴이 된 셈이다. 모든 업무가 공식라인을 통해서 공정하고 투명하게 이루어져야 하는 데, 이를 무시하고 비서라인을 통해 정보를 독점하면서 자기들 개인 권력으로 사용했다. 결국 이러한 독버섯 같은 행위들은 조금 지나면 곳곳에서 드러날 것이다. 정말 죄질이 아주 나쁜 더럽고 추악한 범죄행위이다. 이러한 행위의 원인은 공직자의 타고난 품성에도 문제도 있지만, 제도적인 문제 또한 크다. 선거승리로 인한 전리품의 분배과정으로 잘못 인식되고 있는 엽관제의 병폐에서 기인한 점도 무시할 수 없다. 엽관제의 라인을 타고 들어온 공직자들은 서서히 대리 권력에의 유혹으로, 공직자로서의 자기관리를 망각하거나 소홀히 간과해 버린다. 자신들의 이러한 행위들이 정당하며, 대통령에 대한 충성이며 보호라고 착각하면서, 서서히 대리 권력의 마성에 빠져들고 만다.

결국 국가적 위상에 엄청난 데미지를 입히면서, 권력 말기에 세상 밖으로 드러나 버린 것이다. 앞으로 새 정부가 들어서면 이러한 대리 권력자들의 독버섯 행위들이 곳곳에서 실체를 드러낼 것이라 생각하니, 정말 아찔하다. 그래서 권력은 물처럼 순환해야 하는 것이다.

지방자치시대가 된 지도 20년이 지난 지금, 중앙권력 못지않게 지방권력도 활개를 치고 있다. 지방에서 소통령이라고 부를 정도로 막강한 권력을 누리고 있는 지방자치단체장 권력 역시 또 하나의 비대한 권력으로 자리 잡고 있다. 선거를 많이 할수록 민주주의는 발전해간다지만, 역설적으로 지방 권력의 비대화 현상은 민주주의 발전에 새로운 위해

요소로 작용하고 있다. 특히 10년 이상 지방권력의 핵을 차지하고 있는 자치단체장이나 의회권력 역시 고인 물이 그렇게 깨끗할 수가 없을 터이다. 정말 남의 일 같지 않다. 그래서 필사적으로 권력을 이어가려고 발버둥 치는가 보다. 공직자가 항상 긴장하면서 도덕성과 청렴함을 스스로 관리하지 않으면, 나중에 돌이킬 수 없는 낭패를 볼 수 있다. 특히 지방 권력의 대리 권력자들이 휘두른 전횡이나 부정, 비리는 결국 고스란히 최고 권력자의 몫으로 부메랑 된다. 자기 자신은 물론 자기 측근과 주위를 잘 관리하고 수시로 돌아보아야 한다. 이 세상에 비밀이란 없고 공짜 역시 없다. 분수를 잊고 권력의 핵만 추구하는 것을 심히 경계하고 조심해야 한다. 지금 전국엔 총선 열풍으로 후끈거린다. 권력의 축을 찾아 부나비처럼 쫓다보면 스스로 불에 타 죽어버리는 하루살이도 있을 것이고, 잠시 후 죽을 줄도 모르고 취해 있는 대리 권력자들의 군상들이 슬픈 자화상처럼 다가온다.

우리는 국가와 지역을 먼저 생각하고 자신의 위치와 품위를 지켜가면서 선거를 축제로 맞이하는 자세가 필요하다.

지도자와 나비효과

나비효과라는 게 있다. 다 아시겠지만, 이 이론은 본래 기상관측이론인데, 근래 와서 정치적으로 많이 써 먹는 이론이다. 지도자의 리더십에 따라서 승패가 좌우되는 경우를 두고 많이 인용하고 있다. 바야흐로 재보선 시기이다. 수많은 지도자(국회의원, 지방의원, 단체장)들이 자책, 타책 등에 의해서 어느 날 갑자기 범법자가 되어 밀려나고, 그 구멍을 메우려고 재보선을 실시한다. 정말 기분 더러운 선거이다. 뭐 주고 뺨 맞는 격이다. 비용은 고스란히 지방단체비용으로 채워야 하고, 투표율은 최저 수준에 머물고, 해당지역민들은 또 한번 홍역을 치러야 한다.

아무리 계산해도 밑지는 것은 고사하더라도 김빠지는 장사이다. 필자는 재보선 비용은 원인 제공자에게 구상권을 청구해야 한다고 주장하는 사람이다. 꼭 입법화시켜야 한다. 지방비가 줄줄 새고 있다. 시민단체에서도 나서야 한다.

가정이든, 지역이든 국가든 지도자를 잘 만나야 한다. 한마디로 지도자를 잘 만난다는 사실은, 스스로 개개인이 지도자로서의 역량이 잘 갖추어져 있다는 반증이다. 재보선을 하는 지역은 모두 부끄럽게 생각해야 한다. 개개인 스스로가 지도자의 자격이 부족하다는 의미다.

물론 억울한 경우도 있다. 그러나 변명의 여지는 없다. 지방자치시대가 개막되고 나서 지금까지 수많은 지도자가 만들어졌다. 수백 명의 지방 정부 수장에서부터 수천 명의 지방의원들, 수십만 명의 크고 작은 기관단체장들까지 선거에 의해서 걸러지고 검증되며 이제는 국가의 최고 지도자들까지 양성하는 시대가 되었다. 민주주의, 선거의 힘이다. 국가기반의 근간이다. 재보선의 과정은 검증되고 걸러지는 또 하나의 과정이라고 생각하면 그래도 위안이 된다. 이것이 다 민주주의 시장경제의 힘이고 국가 경쟁력이니까. 그러고 보면 대한민국은 성공한 국가이다. 수많은 지도자를 만들어낼 수 있는 제도가 정비되어 있는 국가가 보통 국가인가. 그런데 같은 한반도 한민족인데도 그렇지 못한 체제가 있으니 정말 안타깝다.

담장 위를 걷는 곡예사

누군가가 얘기했다. 한국의 정치인들은 매일 교도소 담장 위를 걷고 있다고. 요즘 들어 부쩍 공감이 더하는 것 같아 괜히 씁쓰레해진다. 매일같이 공직자들의 크고 작은 비리행위가 언론을 장식하고 있다. 고양이에게 생선가게를 송두리째 맡긴 꼴이 되어 버린 것 같아 참담하고 억울하다.

정권 말기 레임덕 현상이라고 한다. 그러나 레임덕 현상은 정치 지도자들이나 공직자들의 도덕적 해이나 일탈에서 나오는 민심의 이반현상이지 국민의 잘못은 아니다. 국민과 지역민을 편하게 해주지는 못할망정 이렇게 가슴에 온통 회를 치다니. 돈 아니면 안 된다는 한국의 정치제도와 선거 구조의 현실일까. 변명이다. 칼 쥔 자들의 탐욕은 끝이 없다. 훌륭하게 잘 만들어진 우리나라의 법엔 공식적 선거비용이 명시되어 있으며 일정 득표수에 따라 선거비용을 보전해준다. 이 정도면 선거 공영제 수준이 아닌가. 법대로 잘 지키기만 한다면 선거 자체가 당락을 떠나서 정치의 축제가 될 수도 있다.

그런데 사람들은 이것이 엄연히 현실인데도 인정하지 않으려고 한다. 엄연한 현실을 비현실적으로 단정 지어 버리는 우를 범한다. 여기서부터 정치의 비극이 시작된다. 법대로 선거하는 사람들은 필패라고 본다. 융통성 없고 순진하고 바보라고 치부해 버린다. 국물(?)도 없다고 사람들이 모이지 않는다. 역설적으로 한 선거를 하기 위해서 공식비용의 몇 배 내지 몇십 배가 더 들 수가 있다는 것이다.

선거에서 낙선하면 당장 망하고 당선되면 끝나서 망한다는 자조의 푸념이 돈다. 음성적으로 드는 비용은 어디에서 충당하는가. 사재를 모두 털기도 하고 빚을 내기도 하고 지인들에게 피해를 입힌다. 그러다 잘못되면 범법자가 되어 추락하기도 하고 정경유착의 먹이사슬이 되기도 한다.

항간에 지방의원들은 공천을 받아도 걱정이라고 한다. 공천받는다고 공천 헌금 내고 선거 비용은 비용대로 들고 이중고를 겪을 수밖에 없다고 한다. 자치단체장 후보는 공천받으면 선거하기엔 걱정이 없다고 한다. 여기저기서 고액 후원금이 들어오기 때문에 선거를 치르고도 돈이 남아돈다는 얘기다. 그래서 너도나도 당선에 유리한 정당의 공천을 받으려고 목을 매는가 싶다. 제발 이런 얘기들이 항간에 떠도는 괴담이었으면 좋겠다. 선거에서 음성적인 고액 기부를 받는 행위는 두고두고 부정의 사슬이 될 것이다. 당선이 되면 보답하는 차원에서 불필요한 사업이나 자리를 만들어 전리품식으로 거래를 할 개연성이 크다고 본다. 운이 좋으면 당장에는 걸리지 않을 수도 있겠지만 두고두고 당사자의 가슴에 주홍글씨로 남을 수도 있다. 언젠가는 곪아 터져 결국 부메랑이 되어 돌아올 수도 있다.

세상에는 공짜가 없고 비밀이 없다고 하지 않는가. 촉망받던 인재는 졸지에 범죄자가 되고 인생 망치고 가문 망치고 나라 망치는 불행을 만든다. 교도소 담장을 건너는 꼴이 되지 않으려거든 초심의 마음으로 공직에 임하자. 공식 선거비용으로 선거를 치러 정치의 축제장으로 만들자고 하면 어리석고 바보 같은 사람으로 치부해 버릴까? 가까스로 정착해놓은 정치제도와 선거제도를 우리 스스로 정화시키고 개혁하지 않으면 지역 망하고 나라 망해먹을 수도 있다.

지역민이나 국민들은 선거기간 동안 대우받을 생각을 아예 하지 말고 철저하게 냉철해져야 한다. 선거 기간 동안 악어의 눈물이나 물질적 대우에 현혹되지 마라. 악화의 당선자에게 면죄부를 주는 꼴이 되어 버린다. 그들이 굽힌 허리는 당선 후 목의 힘과 정비례한다고 한다. 두고두고 감동을 주고 편함을 주는 양화의 선량을 뽑아야 한다. 국가는 정치제도를 개혁하여 원칙 없는 패거리 정치, 꼼수 정치를 청산해야 한다. 말로만 아닌 실제적으로 정당의 민주화가 이루어져 좋은 인재들이 정치적 부채 없이 당당하고 소신 있게 위민정치를 할 수 있도록 해야 한다. 지금 곳곳에서 터져 나오는 부조리의 실체들이 개인적 책임도 크겠지만 국가나 유권자가 스스로 방기한 책임이 더 크다.

이러한 현상이 발생한 요인은 분권형 지방자치가 제대로 정착되지 않은 데서 찾을 수가 있다. 국가적 지방적인 문제들에 대해 대의명분에 입각한 정치적 소신의 결여, 실행에 있어서 중앙집권적 사고에 함몰되어 정책적 타이밍을 놓쳤기 때문이라고 본다. 지금 전국 곳곳에서 터져 나오는 갈등과 대립, 그리고 온갖 비리들은 지방 분권의 부재에서 야기되었고 지금이 지방자치의 정체성을 다져야 할 시점이라고 생각된다.

대선 특수

요즘, 우리 지역에서는 때아닌 선거 바람이 불고 있다. 차기 대선을 위해 경남지사가 사퇴하고, 경남지사로는 현직 군수가 출마하고, 현직 군수자리는 모 도의원이 공천을 받아 출마하게 되고, 도의원 자리는 모 군의원이 출마하게 될 것이라는 가상 시나리오다. 어디까지나 가상 시나리오이지만, 상당히 현실성이 있어 보인다.

지난 총선 끝나고 나서 공공연하게 나도는 소문이다. 아니 땐 굴뚝에 연막을 뿌릴 수도 있지만, 그런 소문이 난다는 자체가 정말 걱정스럽다. 지역 언론들이 은근히 부추기는 감도 없지 않다. 이것이 현실화된다면, 당사자들이야 출세의 기회가 도래하니 기쁜 일이지만, 임기 1년 6개월도 못 남기고, 우리 지역에서는 군수, 도의원, 군 의원 선출을 위한 보궐선거를 치러야 한다. 출마 도미노 현상이다. 차기 대선과 함께 경남도지사, 고성군수, 도의원, 군의원 선거가 동시에 치러지게 되며, 여당 공천만 받게 되면 고스란히 대선 특수(?)를 누리게 되어 당선은 확실하다는 것이다. 차기 대권은 어느 누가 하든지 다음 문제다.

사실 대권 구도에서 지역주의의 색깔은 어느 정도 희석이 되었다고 본다. 특히 PK 지역에서는 거의가 평준화되어 가는 상태이기 때문에 대권후보가 누구냐에 따라서 누구도 절대적으로 유리하다고는 볼 수 없다. 그러나 총선이나 지방선거에서는 아직까지 지역색깔의 정당이 기선을 잡고 있다. 지난 총선 결과에도 증명되었다. 그래서 오죽하면 신이 내린 지역구라고 하지 않은가. 보궐 선거가 발생할 경우, 원인 제공자에게는 법적으로는 면피가 될지는 모르지만, 정치적 책임을 묻지 않을 수 없다. 우선 막대한 선거 비용도 문제이지만 행정공백으로 인한 공직기강 해이와 민심이반 역시 예사롭지 않다.

일 년 조금 지나 다시 지방선거를 준비해야 하니 공부엔들 제대로 신경을 쓰겠는가. 실제 인구수가 날로 줄어들고 지방부채가 누적되어 가는 판국에, 일부 지도급 인사들의 오해받을 행동에서 앞으로 대선이 이 나라가 우리 동네가 어디로 갈 것인지 심히 걱정스럽다. 지도자가 스스로 민심을 찾아 다녀야지 민심이 자기에 올 것이라고 생각하는 자체가 얼마나 무심한 행위인가. 유권자에게 표를 구걸하다시피 해서 당선된 사람들 중에 일부는 명예와 겸손한 자세는 간곳없고 권위의식과 권력욕만 목에 가득 차 있는 것을 보고, 이러다가는 나중에 문패까지 떼이는 꼴을 당하지는 않을까 한탄스럽다.

누구에게나 출세 욕구는 있으며, 그것 자체는 아름다울 수 있다. 그러나 권력이라 생각하고 누리고 나면 잘해야 본전이며, 지나고 나면 별것이 아니라고 느낄 것이다. 자기 분수에 열심히 하면서 착하게 일하다 보면 민심이 알고 하늘이 기회를 줄 것이다. 그때 가서 민심의 과실을 따기 바란다.

이 정도는 괜찮겠지

정권교체기다. 요즈음 대통령 특별 사면 문제로 말이 많고 원성이 자자하며, 새 정부 공직인선과정에서 드러난 문제로 쌍방향의 난제로 곤욕을 치르고 있다. 특사 문제는 공정성과 형평성이 결여되어 있었으니 민심의 원망과 외면을 당하는 것은 자업자득인 셈이다. 당사자 개인적으로야 다행스러운 일이지만, 국가기강이 서지 않으니 두고두고 지탄을 받을 것이며, 야당의 입장에서는 울고 싶은 차에 무엇을 맞은 격으로 큰 빌미를 잡은 것은 사실이다. 정말 민심을 외면한, 공사분별이 무딘 행위다. 문제는 공적시스템을 올바르게 가동하지 않았으며, 진정으로 충언을 하지 않은데 있다. 이 정도까지는 문제가 없을 것이라고 보고를 했을 것이고, '이 정도는 괜찮겠지' 생각하고 결정을 내린 것이 문제가 되어버렸다. 말로만 민심, 민심 하지만, 성난 민심은 정말 무섭다. 모든 것들이 공사를 구별하지 못하고 지혜가 아둔했기 때문에 화를 부르게 된 셈이다. 새 정부 공직인선문제 역시 그렇다. 먼저 인선과정에서의 투명한 절차적인 검증의 부재가 주요인이고, 지명 당사자들이 사전에 철저하게 자신의 과거 행적이나 가족들의 문제를 검증해보고 임하는 것이 중요했다.

세상에 절대 비밀이란 없다. 《목민심서牧民心書》 율기律己 6조條 편에 2조條 청심淸心(청렴淸廉한 마음가짐)에 보면 "화뢰지행貨賂之行은 수불비밀誰不秘密이나 중야소행中夜所行이 조이朝已 창의昌矣라(뇌물을 주고 받는 것을 누가 비밀로 하지 않겠는가 마는 한밤중에 한 일은 아침이면 벌써 드러나 있게 마련이다."는 말이 있다. 이백 년 전의 기록이지만, 지금 와서도 공직자들이 수범垂範해야 할 두려운 경구警句다.

왜 자신의 일신상의 문제나 가족의 일을 모른다 말인가. 세상엔 똑똑하면서도 어리석은 사람들이 많은가 보다. 이분들이 사전에 자신이나 주위를 스스로 되돌아볼 수 있는 지혜를 가졌더라면, 모두를 구할 수 있었을 터인데, 정말 가슴 아픈 일이다. 문제는 '이 정도는 괜찮겠지' 생각한 것이 족쇄에 묶인 꼴이 되어 버렸다. 이제 세상은 갈수록 투명사회, 청렴사회로 가고 있다. 공직에 임하는 자들이 갖추고 실행해야 할 필수적인 덕목이 '청심' 이 아니겠는가 생각된다.

앞으로 공적 시스템이 잘 가동되어 공직자의 공사 분별성, 능력과 전문성이 잘 드러날 수 있는 투명한 검증절차가 이루어져 두 번 다시 불상사가 일어나지 않게 해야 한다.

"절대 권력은 절대 부패한다"는 말이 있다. 어떤 권력이라도 10년 이상 가면 썩어버리기 마련이다. 장기 집권을 누리고 있는 지방자치 권력 역시 예외일 수가 없다. 다 그런 것은 아니지만, 권력이 오래갈수록 부패되어 썩은 냄새가 진동을 하고 결국 물리적으로 처리가 되면서 엄청난 후유증을 남기게 될까 걱정스럽다. 권위나 명예가 실추되어버린 권력은 지역민들에게 큰 상처를 주게 되며, 지역과 나라의 미래를 망치는 독이 되고 만다. 무엇보다도 공직기강이 바로 서야 한다. 공직기강이 바로 서려면 공직자 청심을 명심하고 청렴을 몸소 실천해야 한다. 공직자가 청렴을 실천하면 만사가 뚫리며, 민심이 편안해진다. 이 속에 진정한 애민애족愛民愛族이 있고, 공사公私를 분명하게 가릴 수 있는 지혜가 솟아난다. 정권 교체기에 일어나고 있는 망신스러운 사건들을 보면서, 우리 모두가 반면교사反面教師로 삼아야 할 것이다.

남북정상회담의 허상

북한이 우리 측 핵심인사들과 베이징에서 남북정상회담 문제로 비밀접촉을 했다는 전말을 폭로하고 나섰다. 진의 여부야 어찌되었던 폭로의 내용 자체가 대단히 충격적이고 황당하다. 이게 잘못 왜곡되어 파장이 확산되면 향후 남북관계의 파탄은 물론이고 국기를 흔들 만한 대사건이 아닐 수 없다. 정부가 대북관계 개선을 회복하려고 하는 물밑 노력은 인정하면서도 또 한 번 저들의 대남전술에 말려든 것 같아 대단히 안타깝고 유감스럽다.

이명박 정부의 대북정책에 대해서는 미래 비전적이고 거시적이면서 일관성이 있어 보여 든든하게 생각했었다. 이전 정부에서의 부족한 부분이 보완되고 개선되어 우선은 경색되고 있지만 장기적인 안목에서는 저들도 인정하고 우리 쪽으로 선회하면서 개혁개방의 선순환적인 질서가 잡힐 것이라고 기대도 해 보았다. 그래서 이 정부의 임기가 끝나기 전에 새로운 남북관계의 틀을 잡을 수 있는 남북정상회담 기회가 열리지 않겠는가 하는 기대에 젖어 있었던 것이 사실이다. 그런데 지금 현 시점에서 남북관계가 파탄지경이 나지 않을까 우려스럽다.

먼저 저들의 술수를 모르지는 않았을 터인데 너무 어설프게 접근하지 않았는가 싶다. 이번 우리 측의 인사들은 공식회담형이지 비밀접촉형은 아니었다.

저들이 어떤 자들인가. 음모와 술수에 도가 트인 프로들이 아닌가. 결정적인 이득이 손에 들어오지 않으면 한 치도 속마음을 열지 않을 자들이다. 이 정부 들어서서 대북라인이 제대로 형성되지 않은 상황에서 남북 간의 비밀접촉은 신중에 신중을 기하여야 할 문제라고 생각하는데 정부에서는 이 문제를 간과한 것 같다. 북한이 비정상적인 체제이기 때문에 비정상적인 라인체계를 돈독히 해 놓는 것도 국익을 위해서는 필요악이다. 오리가 물 위에서 유유히 떠 있는 것은 물밑에서 끊임없이 물갈퀴를 움직이는 노력 덕분이 아닌가.

비밀접촉을 계획했다라면 사전에 치밀한 계획으로 검증되고 믿을 수 있는 비중 있는 인사를 통해서 접촉을 했더라면 이런 결정적인 문제는 없었을 것이다.

이번 사건을 두고 아쉬운 부분은 비밀 접촉을 할 수 있는 라인이 구축되지 않았다면 차라리 정공법을 택했다면 훨씬 안정적이었을 것이다. 비록 목적이 성사되지 않더라도 후유증이 없었을 것이고 대북정책의 대내외적 신뢰도가 성숙되었을 것이다. 투명하고 원칙 있는 현 정부의 대북정책 트레이드마크 말이다.

일이 제대로 풀리지 않으면 기본으로 돌아가라고 하였다. 어려운 때일수록 기본으로 돌아가 원칙적이고 투명하게 점검해보아야 한다. 그래야 해결의 실마리를 찾을 수 있다.

북한의 무모한 폭로행위를 보면서 비정상적인 체제의 불량국가를 상대한다는 것이 어렵다는 사실을 다시 한 번 절감했다. 우리 측이 그들에게 얼마나 어설프고 만만하게 보였으면 이런 수모를 당할까 하는 생각에 수치스럽기까지 하다. 그러잖아도 갈수록 남남갈등이 증폭되고 있는 상황에서 사실이 왜곡되어 국가 안보를 흔드는 위험한 구실로 작용하지 않을까 정신을 단단히 차려야 할 것이다.

이제부터 이명박 정부의 대북정책은 진정으로 일관성 있게 초심으로 돌아가서 점검해야 한다. 내년 총선과 대선을 의식해서 좌우의 눈치를 살피는 것 같은 우왕좌왕하는 모습을 보이다가는 모두 다 잃고 말 것이다. 깜짝쇼와 같은 무리수를 두는 대북정책의 변화는 진정한 남북관계의 발전적 개선이 아니라 민족통합의 본질적 정체성을 해치는 후진적 퇴보일 수밖에 없다는 진실을 명심해야 할 것이다.

도청盜聽과 감청監聽 사이

합법적인 휴대폰 감청은 가능토록 하는 개정안은 반드시 통과

필자가 군의회 의원 재직 시 군청 홈페이지 자유게시판이 비실명제로 운영되었는데 그 내용들이 정말 목불인견이었다. 아무리 숨어서 하는 행위라고 하지만 온갖 추측성 음해 비방 욕설로 온통 도배된 것을 보고 인간의 추악한 이중성을 보는 것 같아 심한 수치심을 느꼈던 적이 있었다. 이러한 명백한 범죄행위로 고통받은 사람들은 정신적 상처의 후유증이 얼마나 크고 심했겠는가. 그 이후로 실명제로 전환됐는데 양지에서 곰팡이가 살지 못하듯이 악성 누리꾼들이 순식간에 자취를 감춰버렸다. 합법의 위력이 새삼 실감되는 순간이었다.

지금 통신비밀보호법 개정 역시 합법의 위력을 보여줄 때다. 정보통신의 발달은 하루가 다르게 속도를 더해가는데 이를 뒷받침해줄 법과

제도는 뒷걸음치고 있다. 이게 다 정쟁의 폐해 때문이다. 요즘 큰 정쟁의 이슈로 인해, 정말 필요하고 시급한 민생법안들, 그중에 통신비밀보호법 개정이 이번 국회에서 처리되지 못하고 넘어갈까 정말 걱정스럽다. 중요법안들마다 사사건건 첨예한 대립각을 세우고 대치하고 있지만, 통신비밀보호법 개정 법안 역시 팽팽한 대치국면을 이루고 있다. 사실 속내를 들여다보면 여야의원들 간에 서로가 정략적인 이해관계에 얽혀 있기 때문에 결코 법안 개정이 순조롭게 통과될 것 같지는 않다.

고양이 목에 누가 방울을 달려고 하겠는가. 여당의원들의 경우, 야권과 일부 재야단체에서 반대하고 있는 이 법안에 대해 책임 있게 나설 용기 있는 의원들이 많지 않을 것 같고, 야당 의원들 중에도 취지나 필요성에 대해서는 인정하지만 이미 반대당론으로 정해놓았기 때문에 이번 기회에 오히려 여권을 공격할 좋은 빌미로 생각하고 있는 것 같다. 그러나 이번 국회에 계류 중인 통비법 개정안들과 그중에 합법적인 휴대폰 감청은 가능토록 하는 법안 개정은 반드시 통과되어야 한다.

기관총을 가지고 설치는 범죄자를 권총으로 대응하는 격

언제부터인가 우리들은 휴대폰 감청이라는 말이 나오면 당연히 거부감부터 먼저 느낀다. 도청에 대한 피해의식 때문이다. 과거 정보 · 수사기관이 행해왔던 나쁜 관행의 후유증으로 우리들 뇌리에 내 휴대폰도 도청되고 있지 않을까 하는 생각이 남아 있기 때문이다. 그러나 지금은 이러한 기관에서는 감청이 이루어지지 않고 도리어 범죄 집단에서 우리의 생명이나 재산 나아가 국가의 기강을 좀먹는 도청이 기술적으로 이루어지고 있다는 사실에 아연실색하지 않을 수 없다.

우리나라의 제도적 · 기술적 상황에서 휴대폰 감청에 대한 진실을 제대로 알리는 것이야말로 국민들을 안심시키고 미래의 행복권을 위해 매우 중요하다고 생각된다. 법적으로는 휴대폰 감청이 가능하지만, 통신회사들에 감청장비 설치를 의무화하도록 하는 법적장치의 부재로 인해 휴대폰 감청은 이루어지지 않고 있다. 한때 논란이 되었던 국정원의 휴대폰 감청설비도 오래전에 파기되어 국정원에서도 휴대폰 감청이 불가능하다는 것은 공공연한 사실이다.

대부분의 민주선진국에서는 범죄수사 및 국가안보를 목적으로 휴대전화 감청설비를 구비하고 합법적인 테두리 안에서 감청을 실행하고 있다. 우리나라에서는 유선전화는 감청이 허용되고 휴대폰 전화는 불가능하다. 그래서 유선전화로는 중요한 얘기를 하지 않으며 휴대폰도 몇 개씩 가지고 다니는 사람들도 있다고 한다. 휴대폰 사용이 유선전화의 몇 배로 확대 보급 사용되고 있는 현실에서 이건 도저히 맞지 않다. 기관총을 가지고 설치는 범죄자를 권총으로 대응하는 격이다. 도대체 범죄자들의 도청은 어둠 속의 곰팡이처럼 살아 횡행하고 국가 공익기관에서의 합법적인 감청은 법규의 제약으로 제대로 힘을 쓰지 못하고 묶여 있다. 안타깝고 유감스럽다.

개인의 통신비밀이 법에 의해서 완벽하게 보호받으며 살아가는 사회

민주사회에서 무엇보다도 우선하는 것이 개인의 행복과 국가이익이다. 이러한 기반 위에서 정당도 정쟁도 있어야 한다. 지금 통비법 개정 논쟁이 거듭되고 표면화됨에 따라 흉악범이나 테러분자들, 국가 안보를 해치는 자들이 어둠 속에서 웃고 있을 것이다. 이런 상황에서 더 이상 법 개정을 미룬다는 것은 국회의 직무유기이자 나라의 기강을 위태롭게 하는 망국적 행위와 다를 것이 무엇인가. 이번 회기 내에 여야가 머리를 맞대고 국익과 공익, 그리고 국민 개개인의 인권과 사생활이 안심하고 보호되는 휴대폰 감청이 시행될 수 있도록 하는 법 개정은 통과되어야 한다. 물론 과거와 같은 사생활 침해나 정적 압박도구로 사용될 수 있는 소지는 철저하게 규정을 강화하는 것은 기본적 요건이다. 지금이 어떤 세상인가. 이러한 엄격한 규정하에서 감청허가를 받아 시행하고, 감청사실은 사후 당사자에게 통보하여 의혹의 소지를 없애야 하며, 만약 이를 악용하는 개인이나 집단에 대해서는 엄벌이 이루어질 수 있도록 해야 한다.

건강하고 바르게 살아가는 국민들이 범죄의 고통과 국가안위에 대한 두려움 없이 개인의 통신 비밀이 법에 의해서 완벽하게 보호받으며 살아가는 사회가 이루어져야만 이것이 우리들이 추구해 나가는 투명사회인 것이다. 이번 정기국회에서 여야 의원들에게 휴대폰 감청이 합법화되는 법 개정이 반드시 이루어질 수 있도록 여야 의원들은 마음을 모아야 할 것이다.

선녀와 나무꾼

장가 못 간 노총각 나무꾼이 있었다. 어느 달 밝은 밤에 하늘에서 내려온 선녀들이 계곡 물에서 목욕하는 것을 훔쳐보고 선녀들 중 한 명의 날개옷을 훔치게 된다.

날개옷을 빼앗긴 선녀는 억울하지만 어쩔 수 없이 나무꾼과 지상에서 살게 된다. 그러나 하늘나라에 다시 갈 것이라는 희망을 버리지 못한 선녀는 나무꾼에게 날개옷을 돌려 달라고 조르지만 나무꾼은 날개옷을 주지 않는다. 그러다가 아이가 한 명 태어나고, 두 명째 아이를 낳자 안심을 하고 선녀에게 날개옷을 주게 된다. 결국 선녀는 날개옷을 입고 아이 두 명을 양 팔에 안고 하늘나라로 가버리고 만다. 전래동화에 나오는, 우리들에게 너무나 익숙한 얘기다.

여기서 나는 하나의 가정을 만들어 본다. 만약에 선녀가 아이를 세

명 낳았더라면 하늘나라로 날아갈 수 있었을까. 당연히 못 갔을 것이다.

왜냐고? 날개옷이 균형이 잡히지 않아 날지를 못했을 거라는 지극히 과학적이고(?) 재미있는 가설이다. 나는 이 가설을 이혼이 급증하고 가족이 해체되어 중요한 사회문제로 대두되고 있는 오늘날 우리들 가정에 대입해본다.

신혼기간 중에 이혼하는 경우도 허다하고, 아이를 낳고 가정을 꾸려나가다가 이혼하는 경우, 그리고 노년에 이혼하는 황혼 이혼도 유행화(?)되고 있는 추세이다. 자녀를 갖고 나서 이혼하는 경우를 보면 자녀가 한 명이나 세 명, 그리고 다자녀인 경우에 이혼하는 추세가 적으나 자녀가 두 명 있는 경우에 이혼하는 비중이 상대적으로 클 것이라는 추론을 해보며 이 추론을 근거로 선녀와 나무꾼 이론을 만들어 본 것이다. 좀 더 통계적인 근거와 과학적인 연구가 선행되어야 하겠지만, 앞으로 관심을 가지고 주시해 볼 흥미로운 과제라고 생각되며, 나아가 인구증가 문제에 하나의 화두가 될 수 있지 않을까 생각해본다.

행정공동체 역시 경제 효율적 행정통합의 방향으로

인구문제는 지방적 국가적 문제를 넘어서 세계적 문제로 대두되고 있다. 아프리카 빈민국이나 동남아 후진국 등에서는 인구증가가 식량수요를 초과함으로 인해 기아와 아사 상태가 속출하고 있고, 선진국 등에서는 인구 감소로 인해서 국가적 미래성장 동력에 적신호를 던져 주고 있다. 우리나라 역시 예외는 아니어서 인구증가문제는 국가적 중요 정책일 뿐만 아니라 지방자치 발전의 중요한 방향으로 설정되고 있다.

특히 지방정부 차원에서 인구 증가 시책은 사활이 걸린 문제이다. 농촌에서는 군인구가 적어도 10만 이상은 되어야 생산적인 발전을 가져올 수 있다고 선거 때마다 10만 인구 건설에 목을 매고 있다. 국가 역시 인구가 1억 이상은 되어야 세계경쟁력을 선도할 수 있다고 주장한다. 일리가 있고 공감이 가는 주장이다. 국가나 지방정부마다 수많은 정책을 내놓고 있지만 군대에서 모포나 수통 채워 놓기 식이고 채장이 돈으로 채 매우는 식의 대부분 일회성이다.

인구 생산시스템(?)은 갈수록 노후화되고 있다. 그러니 아무리 좋은 정책을 내놓아도 인구 증가는 인구 생산이 가능한 부부지간에 서로 의지에 의해서 이루어지는 일이라 지극히 제한적일 수밖에 없다. 행정구역 개편의 본질적, 즉 작은 것을 합쳐 큰 것으로 키우겠다는 의도도 현실적인 인구문제 해결의 하나의 자구책 아닐까 하는 생각을 해본다. 행정구역 개편이 본격적으로 시도되고 있는 이 시점에서 인구의 우위는 상대에게 흡수되느냐 합병되느냐 하는 중대한 기로에 서 있기 때문이다. 인구가 많은 지방정부는 행정구역 개편에 대해서 대다수가 찬성하는 입장이고 상대적으로 인구가 적은 지방정부는 이 문제에 대해서 소극적이다. 모든 면에서 우위를 점할 수 없어 상대적으로 밀릴 수밖에 없다고 보기 때문이다. 그러나 현시대의 흐름은 교통통신, 정보화의 발달로 인해 경계의 개념이 사라지고 효율추구를 위한 이익의 개념이 경제공동체 구성으로 발전해가고 있으며 행정공동체 역시 경제 효율적 행정통합의 방향으로 나아가지 않을 수 없다고 본다.

오바마 같은 인물들이 이들 속에서 나올 것이라는 희망

오늘날 갈수록 지역과 국가, 그리고 세계는 다민족화되어 가고 있는 추세다. 앞으로 순혈주의를 고집한다는 것은 순진한 발상이며 하나의 이상이다. 지역마다 다문화 가정이 증가하고 있다. 앞으로 그들을 잘 보호하고 관리해서 우리 국가와 지역을 주도해 나갈 주요 성장 동력이 될 수 있도록 한국화 지방화시켜 나가는 체계적 시스템이 구축되어야 할 것이다.

지방정부마다 이들에게 관심을 가지고 접근하고 있지만 정책적 지원이 미흡하다고 본다. 그리고 탈북자 문제 역시 중요한 지방 문제로 대두될 것이다. 지금 현재 탈북 입국자 수가 2만 명을 넘어서고 있으며 앞으로 그들의 이주 정착 대책이 지방정부의 중요 정책의 하나로 수립되어야 할 것이다. 머잖아 우리 지역에 다문화 타운이나 탈북자 평화 빌리지가 생기게 될 것이고 오바마 같은 인물들이 이들 속에서 나올 것이라는 희망을 쏘아본다.

석유 정치학

석유 정치학 제1법칙

아직까지 지구상에서 최고의 자원은 화석 연료인 석유이다. 그만큼 석유는 인간의 생활사와 밀접하게 결합되어 있다. 역사적으로 인류의 전쟁과 분쟁, 갈등의 촉발요인은 자원이며, 금세기에 들어서는 거의가 석유자원 확보 때문이다. 석유에 대한 의존도 때문에 국내 정치와 투자, 교육의 우선순위가 왜곡되고, 모든 일이 자원을 통제하고 자원에서 많은 부를 축적한 사람을 중심으로 돌아가는 양상을 우리는 중동의 산유국에서 보게 된다.

이런 현상을 일명 자원의 저주, 네덜란드 병이라고 한다. 1960년대 네덜란드 인근 해역에서 발견된 유전 때문에 네덜란드는 한동안 무서운 산업공동화 현상을 맞았다. 생산된 석유를 내다 팔아서 그것으로 모든 것을 수입하여 쓰기 때문에 국내 제조업이 붕괴되고 국가의 존립마저 위태로웠던 심각하고 무서운 현상을 겪게 되었던 것이다. 아이러니한 일이다.

너무 없어도 탈이지만 너무 많아도 위험하다. 가끔 우리는 횡재를 바란다. 국가적으로 어려우면 석유가 펑펑 나왔으면 하고 소원한다. 석유가 풍부한 국가는 부러움과 경외의 대상이었다. 한반도에 석유가 펑펑 나왔으면 지금 어떻게 되었을까. 분단은 되지 않았겠지만 대한민국이 온전히 존재하고 있었을까 하는 의문이 든다. 개인적으로도 물질적 어려움에 처하게 되면 복권이나 노다지를 꿈꾸게 된다.

그러나 이런 횡재를 만난 사람들 중 십중팔구는 패가망신이나 횡사를 당하는 걸 보고 듣게 된다. 비근한 예로 이라크가 미국에게 침략당해 만신창이가 되어버렸고, 부모 재산에 의존하거나 상속받은 자식들이 게으르고 약해빠져 결국 제구실을 못하는 경우가 많다. 석유가 풍부한 중동의 산유국치고 거의가 독재 자본주의 국가이다. 소수의 집권층이 강대국과 야합하여 왕조나 독재 체제를 유지하면서 계획적으로 국민을 게으르게 만들고, 지배자의 구미에 따라 길들여지게 만든다.

국민들은 이러한 물질적 풍요로 인해 머리 쓸 일도 잊어버리고 그저 바보로 길들여지고 있다. 더욱더 불행한 현상은 자신이 길들여지고 있다는 사실조차 잊고 있으며 어쩌면 길들여지기를 바라고 있는지 모른다는 생각이 든다.

이러한 현상을 이론적으로 제시한 사람이 미국의 저명한 언론인 토

머스 프리드만Thomas L. Friedman이다. 그는 석유정치학 제1법칙에서 "유가가 올라갈수록 자유의 보폭은 느려지며, 유가가 내려가면 자유의 보폭은 빨라진다"고 진단하고 있다. 즉, 자원(석유)과 민주주의의 상관성을 주장하고 있다. 재미있고 공감이 가는 이론이다.

유가가 배럴당 20달러 이하로 내려가야 중동의 산유국들이 민주화가 된다고

살펴보면 석유가 풍부한 국가치고 독재 아닌 국가가 있던가. 중동의 산유국들이 거의가 왕조 독재국가이다. 그는 석유가가 배럴당 20달러 이하로 내려가야 중동의 산유국들이 민주화가 된다고 역설한다. 한마디로 물질적으로 빈곤해야 문제의식을 느낀다는 것이다. 구소련이 붕괴된 것도 유가의 하락 때문이라고 한다. 동구 공산주의가 붕괴된 것도 소련의 유가 하락으로 인해서 우산 노릇을 제대로 해 줄 수 없었기 때문이라는 확대 해석이 나올 수 있다. 역설적으로 요즈음 러시아가 다시 살아나고 푸틴이 큰소리치는 것도 유가의 폭등 때문이다. 푸틴은 이 기회를 이용해서 러시아에 돈 될 만한 석유회사를 모조리 국영화시켜 거기에 들어오는 막대한 석유자금으로 자본독재자로서의 자신의 정치적 입지를 더욱 다져 나가고 있다.

9 · 11 테러는 미국의 자업자득

또한 석유하면 종주국이 미국이다. 지금 미국 석유중독증은 세계를 뒤흔들고 있다.

2001년 9 · 11 테러사건의 원천도 미국의 석유중독증에서 기인된 것이라고 주장하는 사람들도 있다. 따라서 이러한 현상들이 역설적으로 민주주의를 역행하는 데 사용되고 있다는 사실이다. 대표적인 경우가 사우디아라비아이다. 이 나라는 대표적으로 미국에 석유 종속화되어 있다. 지금, 미국의 석유 의존도가 높아지면서 전 세계적으로 에너지쟁탈전이 격화되고 있다. 미국은 전략적으로 자국자원은 보존해가면서 중동 내지 타 지역에서 에너지 구매를 통해 유가 상승을 촉진시키고 있다. 미국의 에너지 구매는 걸프지역의 보수적 이슬람정부들의 부를 채워주고, 이들 정부는 이 막대하게 굴러들어온 돈을 자기 세력이 미치는 곳곳에 나누어 주고 있다. 심지어 이 돈으로 테러단체에게도 지원해줄 정도로. 자기 나라엔 테러를 하지 말라고. 한마디로 테러수출에 일조하고 있는 것이다. 깊이 있게 따지고 보면 미국은 석유세금을 걷어 미 육군과 해군, 공군, 그리고 해병대에 자금을 대주는 동시에 에너지 구매를 통해 알카에다와 하마스, 헤즈볼라, 이슬람 지하드에게도 간접적으로 지원해주고 있다는 비판을 면할 수 없는 것이다. 그래서 9 · 11테러를 미국의 자업자득이라고 비판하는 사람들도 있다.

우리 대한민국은 남보다 뛰어난 두뇌, 부지런함, 강인함을 물려받았기 때문에

세계가 제각기 다원성을 꽃피우고 자기 정체성을 찾으려고 한다면 이러한 자원 종속에서 벗어나려는 몸부림을 시도해야 한다. 지금 전세계적으로 한국에서도 계획하고 시도하려고 하는 그린에너지 확보 정책 즉, 녹색 성장 정책은 지구 구원이며 석유자원 종속에서의 해방, 진정한 자유와 민주주의를 꽃피우려는 아름다운 몸부림이다. 우리 대한민국은 풍부한 물질적 자원은 물려받지 못했지만 남보다 뛰어난 두뇌, 부지런함, 강인함을 물려받았기 때문에 오늘처럼 물질과 정신의 성장을 가져와 세계의 중심에 설 수 있게 된 것이 정말 다행스럽고 고맙게 생각된다.

도시락과 강냉이죽

내가 초등학교 다닐 때다. 60년대 초 그때는 절대 빈곤시대였다. 우리 반 아이들이 60명 정도 되었는데 도시락을 싸 오는 학생이 20명 미만, 도시락을 싸 올 형편이 아닌 급식대상 아이들이 30명 정도였고, 그 중간에 10명 정도는 도시락을 가지고 올 처지가 못 되는 아이들이었다.

즉, 이 중간 빈곤층의 아이들은 밥을 굶을 정도는 아니었지만, 도시락의 형편(밥의 상태라든가 반찬의 수준 정도)을 갖추기가 어려운 처지였으며 그 당시 철제로 된 도시락 용기를 살 형편이 못 되어 아예 포기해 버린 아이들이었다.

이런 아이들일수록 염량 체면은 있었다. 부잣집 아이들은 풍요에 젖어 약간은 어리광스러워 보였고, 가난한 집 아이들은 생존본능도 강하고 배짱도 좋았다. 이런 아이들을 보면서 어중간하게 가진 것보다 차라리 없는 것이 훨씬 편하겠구나하는 생각이 들 정도였다. 그 당시 학교에서는 극빈 학생들에게 급식으로 강냉이죽을 끓여 주었다. 그 따끈하고 노르끄름한 강냉이죽 색깔과 구수한 맛은 정말 별미였다.

도시락을 싸온 아이들은 자기 도시락과 그 강냉이죽하고 서로 바꾸어서 먹기도 했다. 부와 극빈의 자연스러운 상생이다. 그들은 오순도순 잘 어울려 먹었다. 문제는 도시락을 싸 오지 못하는 아이들이다. 그들은 도시락 아이들, 급식 아이들, 그리고 학교에서도 관심 밖으로 가려진 아이들이었다. 누구 하나 같이 먹자고 권하는 경우도 없고, 그렇다고 좀 달라고 달려들 배짱도 없다.

말없이 교실 밖으로 나가서는 운동장 한 구석 나무 밑에서 허기진 배를 쓸어 안으면서 그 숨 막히는 점심시간이 지나가기만을 기다려야 했다. 점심 굶는 일이 가혹할 정도로 슬픈 일상이 되어버렸다.

요즘엔 의식주 문제는 각자가 선호하고 선택하는 시대가 되었다. 물질적 절대빈곤은 거의 사라져가고 있지만, 모든 면에서 부익부 빈익빈 시대이다. 부와 빈의 양극화가 심화되면서 다시 중간 빈곤층이 소외되고 있다. 요즘 들어 이들을 신 빈곤층이라고 부른다.

도시락을 싸올 처지가 못 되어 점심시간이 되면 구석진 곳에서 혼자 배고픔을 삭이는 아이들처럼 분배의 차등화와 배려의 무신경이 날로 심화되는 현상이다. 작지만 소중한 것들이 탁상공론의 거창한 명분 속에 묻혀 버린다. 정말 인정머리가 없는 세상이 되어버린 것 같다.

이러한 것은 법과 제도의 시행 이전에 우리들이 가까이에서 챙겨주어야 할 몫이다. 도시락 못 싸오는 처지의 아이들, 즉, 신빈곤층이 우리 주위에 아직도 많이 있다. 우리가 진정 이러한 것을 밝혀 해결해 줄 때 작은 것의 소중함, 가치 그리고 보람을 느낄 수 있을 것이다.

지방정부마다 인재육성차원에서 조성한 교육기금이 소위 유명 일류 대학에 합격한 학생들 위주로 주어지고 있고, 학교마다 지급되는 장학금은 성적 우수자에게 집중적으로 쏠리는 현상을 볼 때, 수월성의 기준도 중요하지만 보편성, 타당성도 어느 정도 적용하면 차등화하면서도 다수에게 장학금이 분배될 수 있을텐데 정말 아쉬울 때가 많다.

교육기관에서 요구한 예산 내용을 보면, 속이 훤히 보이는 경우도 있어 이 아까운 예산이 이런 식으로 사용되어서는 안 될 텐데 하는 걱정도 된다. 등록금을 마련하기 위해서 험한 경험을 겪어야 하고, 등록금을 사기당해 자살한 경우도 있고, 당국을 향해 삭발로 저항을 하는 우리 아이들을 보면서, 기본적인 문제도 해결해주지 못하는 국가와 지방정부, 작은 것 하나도 해결하지 못하면서 거창한 명분과 탁상공론적 논리로 포장하려드는 지도자들의 이중성이 정말 위험스러울 정도이다.

지금 누가 뭐래도 우리 아이들에게 학업을 제대로 할 수 있게 만들어 주는 것이 중요한 일이다. 초 · 중 · 고는 학교 급식문제, 대학은 등록금 문제 해결이다. 이 기본적인 문제 해결은 국가와 지방정부, 학교의 몫이다. 진정으로 힘을 모은다면 충분히 해결될 것이라고 본다. 불필요하게 낭비되는 예산을 살려 법과 제도가 허용하는 범위에서 작은 것에서부터 보살피고 챙길 수 있다면 신이 나는 상생의 효과를 보게 될 것이다.

수천, 수십, 수백 억을 들여서 교육 인프라를 구축하는 것도 중요하지만, 무엇보다도 누군가가 우리들을 챙겨주고 있다는 믿음, 든든함과 감사하는 마음에서 오는 교육효과가 더 크지 않을까. 우리 모두 한층 업그레이드될 것이다. MB정부 초기에 한동안 반짝(?)하던 신빈곤층 사각지대에 대한 정책적 시행과 배려가 갈수록 힘을 잃어가는 것을 보고, 초등학교 시절 그 도시락과 강냉이죽의 추억이 되살아나 씁쓸하다.

업그레이드 사회

며칠 전, 김해에 사는 한 여대생의 자살소식을 들었다. 이유는 아르바이트를 해서 모은 다음 학기 등록금과 생활비 600여만 원을 몽땅 보이스피싱 사기를 당하고 충격에 스스로 목숨을 끊었다는 참으로 안타깝고 슬픈 소식이었다. 또 한편에는 전직 대통령과 각별한 사이인 모 기업인이 조성한 비자금의 규모가 상상을 초월할 정도다. 특히나 이 비자금으로 전직 대통령은 물론이고 그 가족들, 정 · 관계를 망라하고 주요 인사들에게 뿌렸다는 소식이다. 아스팔트에다 똥물을 마구 뿌린 격이다. 정말 아연실색, 그 방법의 대담함과 관련인사들의 면면에 부끄럽고 한탄스러워 입을 다물 수가 없다. 특정 지역을 폄하할 생각은 추호도 없지만, 공교롭게도 이 두 사건의 진앙지(?)가 같은 곳이라는 것과 두 사건의 성격이 극명하게 대조된다는 데 있다. 슬픈 아이러니다. 그

여대생은 필사적으로 학자금을 모았다. 이 학자금은 자신의 피와 같다. 온갖 수모, 어려움을 참아가면서도 견딜 수 있었던 것은 학업을 계속할 수 있다는 유일한 희망 때문이었을 것이다. 사기당했다는 어리석음을 안타깝게 생각하기 전에 생때같은 푸른 목숨이 절망으로 꺾어진 것이 자식을 가진 부모의 입장에서 남의 일 같지 않다.

지방화 시대에 지방정부들이 지역인재 육성차원에서 교육발전기금을 조성하고 지원하고 있다. 교육환경개선사업, 장학사업 등. 그러나 대부분 수혜 혜택은 일정하고 획일적이다. 대부분 공부 잘하고 좋은 대학(SKY) 입학 위주로 장학 혜택이 주어지기 때문에 빈곤층의 자녀들에게는 상대적으로 혜택이 덜 주어진다. 한 마디로 교육의 신 사각지대 현상이 발생하고 있다. 가난 구제는 나라님도 못한다고 하지만, 이런 신 사각지대를 지방정부의 장들은 진정성 있게 챙겨야 한다. 사람 중심의 정책집행이 필요하다고 생각된다. 지방정부와 시민이 공동 거버넌스를 이루어 나간다면 기본적인 사회안전망의 체제가 구비되어 최소한의 불행은 막을 수 있을 것이다.

부패는 어디에서도 있게 마련이다. 부패는 발효되어야 하고 발효되지 않는 부패는 고약한 냄새를 풍기기 마련이다. 권력과 돈은 불가분의 공생관계일까. 경이적인 파장을 일으킨 그 기업인은 도대체 어떻게 돈을 벌었기에 몇조 원씩이나 되는 비자금과 차명계좌를 만들 수 있었을까. 그는 한국판 마이더스의 손인가. 정말 불가사의한 일이다. 대다수의 기업인들은 몇백만 원, 몇천만 원을 빌리기 위해서 당국과 은행의 눈치를 보며 괜히 비굴해질 때가 한두 번이 아니다. 수조의 비자금, 수백 개의 차명계좌를 만들어 이 나라의 대통령과 권력층들을 노예(?) 부리듯이 부린 그 기업인의 실체는 무엇인지, 정말 경이(?)스러운 존재이다.

그 기업인에게 잡비깨나 얻어 쓰면서 수없이 감사를 표시하며 머리를 조아리면서도 민초들에겐 한없이 위압적이던 그 비겁하고 사악한 권력층들은 지금 어떤 심정일까. 끝없이 자기합리화, 명분, 빠져나갈 잔꾀나 부리고 있을까. 아니면 자존심이 무너진 죽고 싶은 참담함을 느끼고 있을까. 이들에게 몇백 원(?), 몇천 원(?) 잡비 주어 놓고 뒤통수에다 대고 끝없이 비하의 총을 쏘면서 콤플렉스를 풀고 스트레스를 날렸을 그 기업인의 추락하는 도덕성의 종말과 자살한 그 여대생의 사건이 클로즈업되면서 울컥 울고 싶은 충동에 휩싸인다.

연목구어일지는 모르겠지만 이 기업인이 자기 재화의 일부분이라도 지역사회나 나아가 국가에 환원했더라면, 순간적으로 일어날 수 있는 사회적 비극과 정권교체기마다 발생되는 권력층의 부패를 미연에 막을 수 있었지 않았을까 하는 아쉬움이 절실해진다.

이제 감정을 자제하고 나 자신으로 돌아가자. 나는 과연 떳떳한가. 나의 가족, 형제들은 돈과 권력 앞에 자유로울 수 있고 당당해질 수 있을까.

한동안 시골의회 선출직 공직자로 재임했던 나의 행적은? 스스로 물어본다. 당당했는가? 부끄러움이 없었는가. 최소한 부패의 환경은 만들지 않았다고 생각한다. 나 자신과 우리 가족들이 이러한 환경에 어울리지 않게 하는 것이 예방책이다.

혼자 있을 때 가장 두려워해야 한다. 보이지 않는 눈이 가장 무섭다. 이러한 일상에서 느끼는 잠언은 그나마 유혹에서 붙들어 주는 정신적인 무기다.

이 시대의 절망을 보고 두렵게 생각하거나 좌절하지 말자. 절망의 끝은 희망이라고 생각하자. 부패한 환경을 만들지 않으려면 청소는 계속되어야 한다.

청소는 한 번만 하고 마는 것은 아니니까. 이것이 투명사회에서 청렴사회로 가는 과정이며, 우리가 지향하는 진정한 업그레이드 사회가 아닐까.

마니 폴리테, 마니 폴리테!

입춘방

구정 세밑에 항상 마음 넉넉한 지인께서 입춘방을 보내왔다. '입춘대길, 건양다경' 먹 향기도 생생하다. 따뜻하고 친근한 글귀다. 정월 초이틀(2월 4일) 오후 1시 33분부터 입춘이 시작되니 그 시각에 좋은 곳에 붙이라는 상세한 설명서까지 첨부해서 보내왔다. 시키는 대로 하니 기분이 좋아 금세 봄기운이 주위로 퍼져 나가는 것 같다.

이제부터 봄이다. 제아무리 힘세고 독한 동장군이라도 이제부터는 기세가 꺾일 것이다. 온통 얼어붙었던 산천이 움찔거리면서 살아나고 있다. 지난겨울, 너무 추웠다. 이상 한파와 구제역으로 수많은 생명들이 희생되었다. 산 채로 매몰되기도 하고 얼어 죽기도 했다. 지난겨울엔 사람이 얼어 죽었다는 소식들이 유난히 매스컴에 오르내렸다. 공식적인 보도보다 더 많은 사람들이 희생되었을지도 모른다.

우리 사회가 선진사회라고 하지만 사회안전망을 완벽하게 구축하려면 주위 곳곳에 허술한 구멍이 있나 없나 살펴보고 막아 나가야 한다. 21세기 문명 세계에서 얼어 죽는 사람이 생겨나서야 되겠는가. 주위의 관심 소홀도 있지만 전기 문명에 모든 것을 의존해 온 현시대에서 제대로 대비하지 못해 속수무책으로 당하고 만 비극이다.

영하 몇십 도의 환경에서 장시간 정전사태를 당하면 기아와 추위로 제대로 버티어 낼 수 있는 사람이 몇이나 될까. 필자가 사는 농촌에도 주거 시설이 거의 전기에 의존하고 있다. 전에 집에는 땔감을 사용할 수 있는 아궁이 시설이 있었는데 몇 년 전에 집을 수리하면서 전부 편리한 가스나 기름보일러 시설로 바꾸었다. 지금 생각하면 땔감 아궁이 시설 하나 정도는 그대로 놔둘 것을, 아쉽다. 앞으로 비상용으로 다시 만들고 방한용 침낭도 꼭 준비해야겠다. 농촌의 주거구조가 이러할진대 도시구조는 두말할 필요도 없다.

어느 날 갑자기 거대한 도시에 불빛이 꺼져버린다면 어떻게 될까. 그것도 장시간, 부분적으로가 아니라 전체의 도시가 검은 섬으로 변해버린다면 생각만 해도 끔찍한 일이다. 물론 선진화된 우리나라에서 단시간 내 복구할 수 있는 장비와 능력이 확보되어 있겠지만 한계점 역시 예측할 수 없다. 사용자가 에너지 이용규칙을 어기고 무분별하게 사용해 버린다면 복구하기 힘든 전기대란을 맞게 될지도 모른다. 온 도시는 아비규환의 대재앙 속으로 빠져 버릴 것이다. 앞으로 안보개념은 우리가 필수적으로 가져야 할 소중한 덕목이며 사회 및 국가적 전략이다.

국가안보가 중추라면 인간 안보는 동력원이다.

우리는 지금 다원화된 사회구조에서 다양한 상대로부터 우리 자신을 지켜 내야 한다. 크게는 국제적 이해관계에서부터 남북문제, 그리고 작년과 같은 자연재해 등 우리 주위 지역의 울타리부터 튼튼하게 지켜야 국가의 안보도 든든해진다. 이러기 위해서는 우리가 실천해야 할 제일 중요한 덕목은 나눔의 마음가짐과 실천이다. 남을 배려하는 따뜻한 마음과 아름다운 실천이 있어야 비로소 소통하고 융합할 수 있다.

형식과 가식에서 벗어나 실질적으로 사회안전망에 보탬이 될 수 있는 것부터 하나하나 만들어 나가자. 작년 동절기 한파의 비상사태, 앞으로 닥쳐올 자연재해에 대비하기 위해서는 자연사랑 에너지 절약에 솔선수범하고 시골에 비상용 나무 아궁이 하나 정도 살리는 여유, 저소득층 독거노인에게 비상용 핫-팩이나 침낭 챙겨 주는 배려, 그리고 개개인도 자연재해대비용 필수 도구(한파용 침낭 등)를 구비하는 준비 철저 등, 작은 것부터 차근차근 서로 보살펴주는 것이 튼튼한 사회 안보망 확충의 한 방법이 아닐까 생각된다.

창밖엔 오랜만에 입추의 단비가 내리고 있다. 이 단비에 지난해 나쁜 것들은 모두 씻어 갔으면 한다. 구제역 재앙, 천안함 폭침이나 연평도 폭격의 악몽, 갑작스런 이상한파로 희생된 귀한 생명들의 절규, 개인의 편향적 이기심이나 우리 안의 남남 갈등을 토끼해 입춘이 시작되는 오늘 따뜻하게 내리는 단비가 말끔히 씻어 갔으면 좋겠다.

토종土種 정신

며칠 전 방송에서, 석탄공사 사장께서 요즘에 어지럽게 회자되는 막장 국회, 막장 드라마 등의 막장 표현을 쓰지 말아 달라고 요청하고 항의를 했다고 한다.

왜냐하면 탄광의 막장에서 열심히 일하고 있는 광부들의 사기를 저하시키고 인격을 폄하시킨다는 것이다. 백 번 인정하고 공감한다. 막판, 막가파를 잘못 혼용하고 있는 것 같다.

일종의 생각의 착시현상이다. 막장, 정말 따뜻하고 아름다운 말이다. 막장 속엔 우리 서민들의 따뜻한 땔감인 검은 보석이 무한정 들어 있다.

그 속에서 우리들의 땔감을 캐는 광부들이야말로 얼마나 따뜻하고 아름다운 사람들인가. 석탄 공사 사장이 누군지는 몰라도 잘난 체하는 사람들이 득세하는 세상에서 오랜만에 생각이 깊은 분을 만난 것 같아 마음이 따뜻해진다. 이것이 진정한 소통이 아닌가 싶다. 이렇게 우리들에게 친근한 막장이 왜 심각한 부정으로 인식되어버렸는지 정말 안타깝다.

사람들이 아직까지도 3D업종을 기피하는 이유를 알 것 같다. 기업 유니폼을 입고 열심히 일하는 사람들을 보면 정말 건강하고 아름답다. 그들의 땀은 향기롭다. 이런 사람들이 많은 사회일수록 건강하고 발전하는 사회다.

또 있다. 정치권에서 회자되는 철새니 낙하산이니 하는 말 역시 억울한 희생양이다. 자연의 순환을 알려주는 철새의 행적에서 겸손과 지혜를 배우려고 하지 않고, 아주 표리부동한 정치인의 상징으로 변질되고 있다. 생명 구원의 낙하산을 토종을 잡아먹는 외래종, 굴러온 돌 정도로 착각해 버린다. 이러한 긍정과 부정의 생각 차이에서 부처의 눈엔 모든 것이 부처로 보이고 돼지의 눈엔 돼지로 보인다는 옛 성현의 예지가 실감난다.

토종 역시, 한동안 외래종 등쌀에 위기에 처했었다. 한때 양적 성장을 추구하다 보니 무분별하게 수입한 외래종의 득세로 생태계가 변화, 파괴되고 생존이 심각한 위기에 처한 적도 있었다. 한마디로 굴러온 돌이 박힌 돌을 빼 버린 격이다. 지금까지도 후유증이 남아 있다.

지방화시대에 가장 지방적인 것인 가장 세계적이라는 것이 명제다. 그래서 생각은 세계적으로, 행동은 지방적으로Thinking globally, act locally 하라고 한다.

지방화의 참 의미는 우리 것, 즉, 토종정신의 복원이다. 토종정신은 무엇인가. 순수함이다. 순수함만이 모든 것을 긍정적으로 변화시킬 수 있다. 우리는 지방자치시대에 희망을 걸었다. 중앙집권적 지도자 시대에서 지방분권적 지도자 시대의 도래로 지방자치의 꽃인 지방의원, 지방단체장들이 배출되어 지방정부를 구성했다. 그들의 토종정신이 지방을 변화시키고 가꾸어 나갈 것이라고 희망했고 기대했었다. 지역 국회의원과 지방의원, 단체장과 손잡고 작은 정부를 경영한다는 것이 얼마나 신바람 나고 기분 좋은 일인가.

그러나 지금까지 우리 지도자들의 지방정부의 경영은 긍정적인 측면도 있지만 대체적으로 지역민을 무관심하게 만들었고, 중앙의 구태정치를 답습하는 상황까지 오게 됐다.

한마디로 말해서 생각은 지방적으로 하면서 행동은 중앙적으로 하고 있는 거꾸로 가고 있는 형국이다. 민주성은 저하되고 생산성, 효율성은 급격하게 떨어지고 있다. 그러면서 자기 탓엔 인색하면서 법과 제도의 미비, 민도의 부족 탓으로 돌린다.

우리 지역에서는 그나마 통영시의회가 해외연수경비 일체를 서민대책기금으로 돌린 것은 스마트한 의정의 한 사례라고 생각된다. 이번 기회에 세비 일부라도 과감하게 출연해 일자리 창출하는 데 힘을 보태었으면 시민들은 박수칠 것이다. 이것이 전파되어 지도자와 공직자들이 상생의 힘을 보태면 이 어려운 시기에 위기를 새로운 기회로 전환하는 토종정신을 복원하는 계기가 될 것이라고 믿는다.

오랜만에 낭보가 들려왔다. 지역민들에게 직간접적으로 혜택이 될 공유수면관리법이 국회 본회의를 통과했다고 한다. 가뭄에 단비 같은 소식이다. 진흙탕 속에서 연꽃이 핀 격이다.

오늘도 끊임없이 전개되고 있는 막판 국회의 난장판에서도 지역민을 위해서 묵묵히 몸과 발로 뛴 우리 지역 선량이 피워 낸 희망의 꽃이며, 우리 모두가 반성하면서 본받아야 할 진정한 토종정신의 부활이다.

우리 동네 문제

하수도 구멍이 막힌 것 같다. 온갖 더러운 오물이 차올라 아무리 청소를 해도 냄새와 오물은 지워지지 않는다. 해결책은 하수도 구멍을 뚫어야 하는데, 죽어라하고 오물만 없애려고 하니 얼마나 계획 없는 어리석은 일인가. 구멍은 통하라고 존재한다. 지금 우리 사회는 구멍이 막힌 하수도와 같다는 생각이 들기도 한다. 날마다 세상을 뒤덮는 끔찍한 성폭행 범죄사건, 화학적 거세, 주폭, 묻지 마 살인 등등, 이런 흉포한 범죄소식을 접할 때마다 치가 떨리는 전율 뒤에 이성적 논리로 이런 범죄들의 근원이 어디에서 왔을까 고민하지 않을 수 없다. 물론 상식적 보편적 수준에 불과할지 모르겠지만.

먼저 고학력 실업 문제를 들 수 있겠다 . 지금 우리 사회에는 대부분 거품에 불과한 고학력 실업자가 너무나 많다. 정치권이나 학생들에게 중요 이슈로 대두되고 있는 반값 등록금 문제도 고학력 욕구가 빚어낸 부산물이다. 지금 전국 곳곳에 산재해 있는 이름 없는, 명색이 무늬뿐인 대학들을 보고 경악하지 않을 수 없다. 이런 대학에서 양산된 고학력들이 사회에 나온들 제대로 피드백이 될 수 있을까 하는 의문과 걱정부터 앞을 가린다. 국가나 사회가 이들을 제대로 이끌지 못하면 거의 대부분이 실업자, 사회 불만자, 대인 기피증 환자, 성도착자, 사이코 변태자가 되지 않겠는가 싶어 심각성에 숨이 막힐 정도로 불안하고 우려스럽다. 이런 상황에서 어떤 합리적 효율적 기준으로 등록금을 반값으로 해결할 것인지 재원 확보와 효율성에 대해서 의심하지 않을 수 없다. 정말이지 획기적으로 대학 개혁, 구조 조정하지 않으면 국가의 장래가 위태일로에 있다고 본다.

둘째, 성범죄 문제이다. 성범죄가 갈수록 흉포화되는 현상은 국가 사회적 위기다. 성범죄 대상자가 대부분 연약한 어린아이나 사리 분별이 약한 장애인으로 성범죄자의 주요 목표물이 되고 있는 것이다. 이에 근원이 고학력 실업자, 정보 차단이 안 되는 음란물 범람, 욕구 불만 자, 성도착증 환자, 사이코패스로 연계되어 이어질 수 있는 것이다. 그늘이 짙을수록 곰팡이들이 범람하기 마련이듯이 우리 사회에 드리운 어두운 그림자 뒤에는 잘못된 인간들의 범죄가 갈수록 흉악함을 더해 가고 있다. 공권력의 한계를 실감한 사람들은 자기 방어 본능을 갖추려고 노력한다. 공권력을 믿지 못할수록 자기 방어본능이 강해질 수밖에 없다. 자체적으로 보안장치가 확보되기도 하고 개인 장비나 호신술 같은 것도 인기가 있다. 범죄자들은 힘 있는 사람들에게는 약하고 상대적으로 힘없고 약한 어린아이나 장애아가 범죄의 대상이 된다. 채 피지도 않은 꽃을 추악한 탐욕으로 꺾는 결과가 되기 때문에 피해자 개인의 인생은 물론이고 국가의 장래를 망치게 되는 심각한 후유증을 만들어내는 것이다. 특히 성범죄는 누구라도 욕구불만이 해소되지 않을 때 돌출할 수 있는 우리 동네식 범죄라는 잠재적 인식에 심각성은 더해진다.

이러한 병리 현상은 어디에서 오는 걸까. 공동체의 해체에서 온다고 본다. 지금 우리 사회에서는 우리끼리 현상이 만연해 있다. '같이' 나 '함께' 가 아닌 닫힌 우리끼리 현상이 번져가고 있다. 그러다보니 문이 벽이 되어버린다. 결국 구멍이 막히게 되고 소통이 되지 않는다. 이것은 하루아침에 이루어진 현상이 아니다. 그동안 잘못된 정치구조의 누적된 산물일 수도 있다.

그동안 정치는 국민을 편하게 하기 위한 정치가 아니라 본래의 숭고한 뜻을 저버린 채 자기의 이익이나 정당의 편의주의에 의해서 정치 행위를 해 왔기 때문에 이러한 사회 병리 현상이 만연되고 있는 것이다. 이제부터라도 이런 문제가 우리 동네문제를 떠나서 국가 미래 차원에서 대책을 마련해야 한다. 나와 우리는 아니겠지 하는 기피적 방심이 나중에 엄청난 국가적 재앙을 초래할지도 모른다는 위기 위식을 느끼고 공동체적인 지혜로운 대안을 마련해야 할 것이다.

상징자본 Symbolic Capital

상징자본이라는 게 있다. 프랑스 사회학자 피에르 브루디외가 만든 것이다. 돈이나 물질로 바꾸거나 환원되지는 않지만 명백하게 존재하는 명성, 신망, 신뢰도, 호감 같은 비정형적 평가를 말한다. 최근에 터져나고 있는 일부 상호저축은행들의 부도사태 역시 잘못된 상징자본의 사례이다. 가령, ○○신용금고보다는 ○○저축은행이라고 말할 때 좀 나은 듯한 느낌 같은 것 말이다. 상호신용금고는 대부업보다는 신용도가 높고 예금이자도 높은 편이며 서민이 가깝게 이용하기가 수월한 편이다. 우리에게는 금고라는 이미지가 친근하고 든든해 보인다. 가난한 서민들의 복주머니로 사랑을 받아 왔었다.

2001년부터 상호저축은행으로 명칭이 변경되었다는데, 터지고 나서야 저축은행의 존재를 알았다. 개명을 서민들이 붙여준 것은 아닐 것이다. 어느 날 일제히 저축은행으로 이름을 바꾸고 옷을 갈아입었다. 이름을 바꾼 명분이 있거나, 아니면 로비를 했는지 알 수 없다. 허가를 해준 정부의 명분은 친서민정책의 일환일 것이다. 금고 측에서는 개명 자체가 신분상승이다. 신분이 상승했으면 인적 물적 시스템도 함께 상승해서 서민들이 더욱 안심하고 애용할 수 있어야 하는 데, 연달아 터진 일부 저축은행들의 부도 사태는 당사자인 서민들의 심장을 갈기갈기 찢어 놓은 꼴이 되어 버렸다. 도적질하려고 이름을 바꾼 셈이 되어버렸다. 하루벌이 서민들이 그나마 앞날을 보장받으려는 최소한의 자구책으로 이용한 창구가 고양이들의 생선 판이 되어 버렸다.

이번 사태를 보면서 우리 사회에 도덕적 해이의 위기가 총체적으로 밀려왔다. 사회 곳곳에서 터져 나오는 부정과 부패 앞에서 민심이 등을 돌릴 수밖에 없다. 그런데 기대야 할 곳이 없다. 이 집이 싫으면 저 집이라도 가야 하는데 갈 곳이 없는 게 현실이다. 슬픈 아이러니다. 지금 유무형의 관련자들은 숨을 죽이며 기다리고 있다. 이 쓰나미가 지나가도록. 그리고 나면 잊히고 조용해질 것이다. 그때 일어나면 된다고. 국민들은 내년 총선이나 대선 때 보자고 벼르고 있다. 그때까지는 너무 길다.

이러한 원인은 무엇인가. 첫째, 저축은행 CEO들의 상징자본에 오도된 일탈현상과 도덕적 해이다. 서민들의 하루벌이 푼돈을 명분으로 잘못된 권력을 이용하여 자기들끼리 빗잔치를 해버렸다. 사실 기본적인 수준에서만 경영해도 서민들이 가장 안심할 수 있는 금고다. 그들은 금고 지기라는 순수한 자기 위치를 잊고 잘못된 권력의 언저리에서 놀아났다. 참으로 가증스러운 일이다. 이런 자들은 현대판 능지처참 형이다. 사법적 의지가 확고한지 묻고 싶다. 둘째, 이들과 잘못된 정을 주고받은 정치인이나 공인들은 발본색원해야 한다. 부정부패 척결 없이 국가발전은 한 발짝도 나갈 수 없다. 이러한 확고한 의지가 있는지 현 정부와 정치권에 묻고자 한다. 셋째, 관리감독기관의 만성적 부패사슬이다. 이러한 사태가 다시는 재발되지 않고, 선의의 피해자가 발생하지 않도록 시스템의 전면 쇄신이 시급하다.

지금 우리 주위에 잘못된 상징자본들이 횡행하고 있는지 눈을 부릅뜨고 지켜보고 서로 지켜 주어야 한다. 이러기 위해서는 공동체가 튼튼하게 구축되어야 한다. 지금도 뭔가 그럴듯한 이름, 떠들썩한 포장들이 우리들을 현혹하고 있지나 않은지 심히 경계할 일이다. 새마을 금고는 여전히 건재하다.

하천의 소망과 4대강 살리기

기존 하천을 새로 정비한답시고 길이도 L 라인, 바닥도 평평하게 닦아 놓은 것을 보고 이끼 낀 바위들, 온갖 이름 모를 수초들, 이것들을 지붕 삼고 이불 삼아 알을 까서 새끼를 키우고 했던 친근한 물고기들은 다 어디로 갔을까 하고 걱정을 하였다.

기존 하천들은 요즘 현대인이 열광하는 자연산 S라인이었다. 그 S라인이 주는 곡선의 미학이 하천의 정체성이고 생명성이다.

지금 하천은 어떠한가. 수많은 하천들이 개발론자들의 L자형 사고에 의해서 동맥경화상태에 직면해 있다. 제발, 자연적으로 살아가게 그대로 놔 주세요. 이것이 진정으로 도와주는 겁니다! 라고 외치는 하천들의 아우성을 외면하여 왔다. 수억, 수십억이 들었다고 외양의 치적을 자랑하기 이전에 그 비용의 수십, 수백분의 일만 가지고도 하천의 S라인을 살릴 수는 없었겠는지, 우문현답 식으로 반문해본다. 자연환경문제나 생태 문제에 대해서 나 역시 전문가는 아니지만, 지금은 우선적으로 지키려고 노력하고 있다. 다만, 아직까지 적극적 실천자가 못 되어 미안할 뿐이다.

나는 자연보호론자를 3가지 인간형으로 분류해보고자 한다. 제1인간형은 이론은 잘 알면서 그것을 역이용, 악용하는 위험스러운 사이비 형 인간이며, 식자우환의 대표적 유형이다. 제2의 인간형은 자기 쓰레기는 절대 버리지 않지만 남이 버린 쓰레기는 줍지 않는 자다. 이 인간형은 진보할 희망은 있지만 아직까지 자연 친화형 수준이며 자연보호에 소극적 실천형이다. 나는 이와 같은 인간형에 속한다. 솔직해 말해서, 나 역시 쓰레기를 버리지는 않지만, 남이 버린 쓰레기를 줍지는 않는다. 제3의 인간형은 남이 버린 쓰레기도 기꺼이 주울 수 있는 형이다. 그것도 남이 보는 데서가 아닌 혼자 있을 때 적극적 실천하는 형이다. 자연동화형이다. 이런 사람이 대중을 이루는 사회가 클린사회이며 그린사회다. 내가 남의 쓰레기를 혼자 주울 수 있는 적극적인 실천자가 되려면 앞으로 많은 시간 갈등의 과정, 학습 효과를 거쳐야 한다. 하지만 내가 제2인간형으로까지 성장하게 된 것도 나 자신의 자각과 주위 환경에 의해서 받은 학습효과 덕분이 아닌가 생각된다.

우리 집 옆에 폭이 약 5미터 정도 되고 길이가 S자형으로 꽤 긴 편이며, 최종적으로 동네 저수지를 합수하는 하천이 하나 있다. 내가 어릴 적엔 이 하천은 꽤나 깊고 맑아 온갖 물고기들이 오르내리면서, 동네사람들의 유일한 단백질 공급원이 되어주었고, 식수로도 이용될 정도였다. 지금도 그럴 정도는 아니지만 그래도 보존상태가 좋은 것이 의외라고 생각되었는데, 어느 날 우연히 그 원인을 알게 되었다. 하천에 지천으로 깔려 뿌리를 내리고 있는 다년생 수생식물들이 서로의 몸을 스크럼 짜듯이 엉켜 가면서 오염원을 걸러내고 있었던 것이다. 그래서 그런 환경 속에서도 물이 맑았고, 고기들이 제대로 놀 수 있었구나. 이 가뭄에 물이 말라 고기가 죽을까봐 걱정되었는데 저 이름 모를 수생식물들이 고기들을 보호했구나. 너희들에 비하면 나는 자연의 섭리를 모르는 정말 철부지였구나. 그동안 예사롭게 보고 지나쳐왔던 수생식물들이 진정 소중한 존재라는 것을 느꼈고, 한편으론 부끄러우면서도 고맙게 생각되었다. 그 뒤부터 나는 여가만 나면 장화를 신고 하천으로 내려가 버려진 오염물질들을 걷어내고 있다. 어느 날 이른 새벽, 산오리 한 떼가 이 하천의 고기들을 업고 하늘을 오르는 장관도 목격할 수 있었다.

경부대운하 건설계획이 정책화되다가 환경론자들과 정치적 반대자들의 반대와 저항에 부딪쳐 잠잠해 있더니, 다시 4대강 살리기 계획이 본격적으로 추진 중이다.

나는 이 계획은 꼭 추진되어야 한다고 보며, 1차적으로 해당 광역지자체가 책임 있게 맡아 추진한다면 좋은 성과가 있을 것이라고 생각된다. 문제는 이 사업이 현재 어려운 경제를 살리는 경제사업의 일환이라는 인식에서 벗어나 한반도 녹색 미래를 약속하는 명운을 건다는 사명감과 정체성을 가지고 접근한다면 국민적 공감대와 호응을 얻을 것이라고 본다.

더욱이 우리는 지금부터 우리 지역에 아름답게 산재해 있는 하천을 S자형으로 보존 내지 복원, 더 나아가 4대강의 지류인 샛강을 아름답게 살리는 운동이야말로 자연을 살리고 도덕성을 회복하는 길이라는 인식과 공감대를 널리 확산시켜야 한다고 본다. 이러한 과정이 서서히 소통의 관문이 되어 '샛강 살리기에서, 4대강 살리기로, 그리고, 한반도 대운하라는 거대한 흐름을 뚫는 기폭제의 역할을 하지 않겠는가' 하고 기축년 새해 벽두에 안타깝게 소망해본다.

다산多産 예찬

얼마 전, 통영에 사는 한 젊은 주부가 아홉 번째 아이를 낳았다고 해서 화제가 된 적이 있었다. 모처럼, 놀랍고, 반갑고, 살맛나게 하는 소식이었다. 문득 통영이라는 지역이 기름기가 철철 흘러넘치는 비옥한 옥토처럼 느껴졌다. 인간의 땅심(?)이 좋기 때문에 저렇게 건강한 아이들을 많이 낳을 수 있구나 하는 부러움이 일어났다.

가난하지만 자식들이 많아 풍요해 보이는 가정과 부자이지만 자식이 없어 왠지 허전해 보이는 가정을 비교해보자. 이 중 어떤 가정에서 사람의 희망을 느낄 수 있을까. 내가 아는 산양읍에 살고 있는 한 젊은 부부는 아이가 열둘이라고 했다. 처음엔 믿을 수가 없어 직접 가서 확인까지 했는데, 사실이었다. 그래서 통영은 지금, 서서히 인구가 불어나기 시작하는가 보다.

아이들을 많이 낳고, 젊은 층이 두꺼운 지방이나 국가일수록 힘과 희망이 있고, 미래가 밝아 보인다. 저 아이들이 장차 무엇이 될까. 가정과 지역사회와 국가를 위해서 어떤 부와 명예와 이익을 가져다 줄 것인가. 과일나무를 심어 자라는 것을 지켜보는 마음처럼 꿈과 희망으로 든든해진다. 통영은 지금 그러한 미래의 예감으로 출렁거리고 있다.

나의 형제 수는 10남매, 6남 4녀 중 아홉 번째이다. 그 당시 국가적으로 사회적으로 엄청 어려운 시대에 10남매를 무사히 낳아 흠 없이 키웠다는 사실이 경이롭고 외경스럽다. 지금까지 한 사람도 실패 없이 건강하게 살고 있다는 것이 순전히 자연의 섭리라는 생각이 든다. 당시 먹을 것, 입을 것 어느 하나도 풍족하지 못했는데도 마음만은 부자처럼 풍요로웠다. 산다는 것을 자연의 섭리에 맡기고 물처럼 바람처럼 그렇게 살았었다. 그래도 바람은 심하게 후려치지 않았고 물은 깊은 곳으로 몰아가지도 않으면서, 항상 부드럽고 촉촉하게 어르고 적시었다. 어느 시인이 노래했듯이 우리를 7할이 바람과 물, 산이 키웠었다고 해도 과언이 아니다.

그런데 아이러니하게도 나는 정작 아이를 둘만 낳았다. 지금 마음 같으면 네댓 명 낳았어야 하는데 가끔 아쉬워지곤 한다. 어찌 보면 나 역시 그 당시 국가의 저출산정책의 희생양이라고 할 수 있다. 둘만 낳아 잘 키우자는 고정관념의 포로가 되어 있었으니 말이다. 출산을 억제하는 것은 자연의 섭리를 거스르는 일이다. 결혼해서 건강한 가정을 만드는 것은 무엇보다 출산을 많이 하는 것이고 다출산을 자랑스럽게 생각하는 것이며, 국가나 지방정부가 적극적으로 확실하게 지원해주어 다산의 자부심, 건강한 양육의 즐거움이 일어나도록 만들어야 한다. 그리하여 출산이 자연의 겸허한 섭리라는 것을 느끼도록 만들어야 한다. 다산은 국가나 지방의 미래의 최우선 희망이다. 젊은 층이 두껍고, 다산의 출산력과 지방정부의 경쟁력이 맞아떨어질 때, 성장의 시너지효과는 엄청날 것이라고 본다.

지금 세계적으로나 국가적으로 인구의 위기, 성비 불균형, 저출산의 위기를 맞고 있다. 아이를 낳지 않으려는 젊은 층의 세태가 세계적인 현상이며, 사회복지 프로그램을 재조정하는 특단의 조치를 강구하여, 특히 젊은 층의 출산정책에 국가나 지방정부가 투자를 아끼지 말아야 한다.

우선 젊은 세대에게 아이를 안심하고 많이 낳아 신바람 나게 키울 수 있는 분위기를 만들어주는 것도 중요한 과제라고 본다. 아이를 많이 낳은 가정을 표본으로 해서 성장하는 과정을 관리해주고 지원해주면서 지속적으로 홍보해주는 프로그램을 개발하는 것도 한 과제라고 생각한다.

특히 교육에 적극적이고 체계적인 투자를 세워야 할 것이다. 우리 젊은 층의 장점이라고 할 수 있는 역동성의 효과를 최대한 살릴 수 있도록 해야 한다. 다산을 하는 가정은 자연적으로 혈연 공동체가 잘 이루어지기 때문에 가정 파괴나 이혼율도, 사고율도 적거나 거의 없는 편이다. 국가나 지방정부가 우선적으로 준비해야 할 일이 다출산多出産 프로그램 개발이다. 작년에 고성문화원 주관으로 자녀 다산 가정을 선정해서 표창하는 행사에 참석했는데 자녀 다섯, 여섯 둔 가정이 수상을 하는 모습을 보면서, 새삼 부러움을 느꼈던 기억이 지금도 새롭고 생생하다. 다시 한번 다산은 국가와 지방, 그리고 우리의 소중한 미래다.

제3장

그리고 함께 걷는 길

길을 만드는 사람들 | 금강산 | 통일 사랑방 | 통일딸기를 아십니까 | 밥상의 의미 | 통일용광로 | 생사정도는 확인할 수 있어야 | 사실과 진실 | 송미 스토리 | 아버지를 찾습니다 | 평양을 다녀와서 | 개성공단을 다녀와서 | 치킨게임에 대한 오해 | 황금평, 그리고 중국 | 인연의 합 | 유상지원에 대한 희망 | 함흥 본궁과 반송 | 대북 쌀차관 인도요원 참가 체험기 | 다시, 묘박지에서 | 백령도에 가면 천안함이 보인다

길을 만드는 사람들

지금 우리는 금강산을 향해 달려가고 있다, 뱃길이 아닌 땅길을. 조금 있다 북측 CIQ(북측 출입사무소)에서 약간의 긴장된 수속 절차를 마치고 나면 한민족 통일의 정기가 서린 금강산을 안아 보게 될 것이다.

문득 이 길을 만든 사람들이 생각난다. 우리는 이들을 선각자, 선구자 또는 개척자라 부르며 그들이 닦아 놓은 길 위를 벽을 허물고 만들어놓은 문을 향해 가고 있는 것이다. 이 길을 만들면서 이 벽을 허물고 문을 내면서 얼마나 외롭고 어려웠을까. 지금 우리에게 이 길의 의미는 무엇일까. 통일의 길을 닦아가면서 수많은 인적 물적 희생이 따랐다.

그 당시는 몰랐다. 조봉암의 선지자적인 예언도, 백기완 선생의 통일의 사자후도, 1998년 1,001마리의 소떼가 삼팔선의 그 강한 철망을 뚫을 때도, 그것이 통일의 문이 될 것이라고는 생각도 못했다. 누군가는 말했다. 문은 항상 열려 있어야 문이요, 닫혀 있는 문은 벽일 뿐이다. 그 당시 고향 병이 걸린 한 인간의 수구초심의 몸부림 정도로, 한 기업의 사생결단의 돌파구로 평가절하해 버리지 않았던가. 지금 그들의 위대한 행적에 절로 고개 숙여진다. 통계로 보면 OECD 국가 중에서 후진국에 원조하는 기본 액수에도 훨씬 못 미치는 지원을 하고 있으면서, 이분법적인 논리로 대해 온 것이 실로 부끄럽고 미안할 뿐이다.

백문이 불여일견이라. 금강산에 오면 자연스럽게 우리가 하나 됨을 느낄 수가 있다. 그리고 우리들의 가슴속에 내재되어 있는 승리자의 오만과 편견을 부끄러워할 것이다. 금강산으로 가는 길가, 팬스 사이로 북측의 산하, 마을 주민들의 움직임을 볼 수 있는데 한편의 슬로우 모션을 보는 것 같다. 두 빰이 추위에 붉게 튼 앳된 북한군 병사의 모습, 총 대신에 수신호용 붉은 깃발을 손에 들고 미동도 하지 않고 인형처럼 서 있는 모습을 보면서 많은 생각이 일어난다. 우리들의 차량행렬이 지나갈 때마다 소년 병사들은 건널목 차단기 역할을 한다. 이웃길을 갈려고 하는 주민들을 우리가 지나갈 때까지 꼼짝하지 않고 서 있게 한다. 우리들이 지나가면 그들은 건너간다. 자기들끼리 얘기를 하면서 보따리를 이고 어깨에 메고 자전거에 싣고 목적지를 향해 가고 있다.

그들은 어떤 생각을 하고 있는지, 우리들의 모습을 부러워할까, 미워

할까, 상대적 박탈감을 느낄까, 약간은 고마운 마음을 가지고 있을까. 쉽게 정리가 되지 않는다. 내가 이 길을 가고 있다는 사실 하나만으로 남북관계는 엄청나게 가까워졌다는 것을 느낀다. 금강산은 남과 북이 하나가 되게 만드는 자석의 힘을 가진 민족의 영산, 바위산이다. 금강산 입구 금강문을 지나고, 8개의 다리를 지나고, 구룡연, 상팔담, 만물상을 오르면서 같은 민족의 일원이라는 것이 자랑스럽게 느껴졌다. 그리고 새삼 길을 만드는 사람들의 그 깊고 높은 뜻을 다시 한 번 상기해 보는 것이다.

그곳 온정리에서, 고성 항에서, 상팔담, 삼일포에서, 기계적인 것과 인간적인 것을 조화시킨 교예단의 공연에서, 식당 소녀들의 들꽃 같은 청순한 모습에서, 길에서 무표정해보이지만 애늙은이 같은 소년 병사의 모습에서 그곳은 단순한 관광지, 휴양지가 아니라 남북이 하나 되게 하는 자기가 서린 민족의 대용광로라는 것을 느낄 것이다.

온정각 동관 앞 광장엔 고 정몽헌 회장의 추모비가 외롭게 서 있다. 외로워 보이지만 결코 외롭지 않는 추모비, 영원한 선지자의 모습으로 서 있다.

며칠 전에 금강산에서 교통사고가 나서 북한군 병사가 죽고, 부상을 당했다는 안타까운 소식을 접했다. 도로 구조상 교통사고 나기가 어려운 곳이다. 인간의 오만이 빚어낸 문명 사고다. 진심으로 애도를 표한다. 금강산 앞에서 우리 모두 겸허해지자. 부끄러움을 알자. 우리가 가지고 있는 한낱 액세서리 같은 문명의 이기, 정치적 이해관계가 무슨 의미와 가치가 있단 말인가. 오직 한민족 사랑의 정기와 길을 만드는 사람들의 선지자적 예언이 있을 뿐이다. 통일은 얻는 것이 아니라 이루어가는 것이라고. 그리고 길은 닦지 않으면 헛방이요, 문은 닫혀 있으면 벽이라는 것을, 금강산은 겸허하게 우리에게 일깨워 주고 있다

금강산

금강산을 다시 찾았다. 따뜻하고 편안하다. 개골산, 온갖 신기한 형상을 한 바위들로 꾸며 놓은 한민족 대자연 공원, 이 많은 금강석들이 하늘에서 쏟아졌을까, 땅속에서 솟구쳤을까.

점점이 뿌려지고 솟구친 보석더미의 산, 금강산은 보면 볼수록 빛나는 영산이다. 저만치 온정리溫井里 마을은 이름처럼 따뜻하고 편안해 보인다. 북측 땅이라는 느낌이 들지 않고, 가까이 다가갈수록 따뜻한 기운이 솔솔 일어난다. 인근 산, 물, 들, 다니는 사람들의 모습들도 전혀 낯설지 않다. 먼저 출입경 절차도 전에 보다 까다롭지 않고 표정도 우호적이다.

잦은 접촉의 효과이다. 한민족 동질성 회복에도 큰 기여를 했지만 경제적인 문제에서도 우리는 그들에게 고마운 수혜자이다.

그들도 알 것이다. 우리가 자기들이 어려울 때 눈치코치 마다 않고 도와 준 고마운 동족이라는 것을. 사흘 굶으면 이웃집 담을 넘는다는 말이 있지만, 사흘을 굶고 있으면 이웃에서 쌀가마니를 매고 대문을 들어선다는 아름다운 말도 있다.

전자는 영국이 아일랜드에게 그랬지만 후자는 우리가 실천으로 미덕을 보여주었다. 그 결과 영국은 아일랜드와 철천지 원수가 되었지만, 우리는 북측에게 고마운 형제로 자리매김했다. 무엇보다 북측이 우리 민족의 영산, 금강산을 잘 보존해 온 것이 대견하고 고맙다.

남북이 이곳에서 합쳐지면 모든 것이 잘 정제된다. 이념도, 이해관계도, 경계심도 모두 하나로 빚어낸다. 교예단의 공연을 보고 있으면 벅찬 감동으로 저절로 가슴이 뭉클해지고 눈이 시큰거려진다. 이제야 알 것 같다. 왜 이곳에 오면 마음이 편안해지는지, 남북이산가족 면회소(금강산 면회소)를 이곳에 짓는지를. 앞으로 출입경 간이 시설물은 없어질 것이다. 그들은 이러한 시설물이 필요 없다고 인식되면 자연스럽게 없애자고 할 것이다. 그러면 더욱더 많은 사람들이 부담 없이 금강산을 찾을 것이다. 지금 금강산은 비수기라고 한다. 가장 많은 사람들이 찾아야 할 지금이 왜 비수기인지 잘 생각해보아야 한다. 그리고 경영마인드를 더욱 계발해야 할 것이다. 내 생각엔 통행이 원활하지 못한 것도 원인이지만 겨울 금강산의 테마가 제대로 없기 때문이라고 본다. 4계절의 특성에 맞는 금강산의 테마를 만들어 상시 사람들이 끓게 해야 할 것이다.

금강산은 바위산이다. 바위는 인체에 유익한 자력을 함유하고 있다. 이 자력이 사람의 심장과 몸통을 정제시키고 청소한다. 바위산을 타면, 심신이 상쾌해지고, 머리가 개운해지는 것도 이 때문이다. 과학적 근거가 확실하다. 그래서 어느 분은 바위산을 타고나면 '마운틴 오르가슴'을 느낀다고 했다. 바위산 중에 최고의 영지인 금강산을 건강 의학적 측면에서 접근하면 좋은 경영아이템이 만들어지지 않을까 기대해본다.

이번 금강산 방문에서 느낀 점을 몇 가지 정리 해본다.

첫째는 이곳에 근무하는 북측 사람들의 행동과 처신이 전에 보다 세련되고 적극적이었으며, 영업마인드가 갖추어져 있었다.

둘째는 머잖아 우리 화폐가 공식적으로 통용되겠다는 생각이다.

곳곳에 위치해 있는 간이 판매대에서는 북측 사람들이 물건을 팔고 보자는 욕심에서인지 부분적으로 우리 화폐의 교환을 허용하기도 했다. 달러를 소지하지 않은 남측 관광객들에게 남측 원화로 물건을 팔고는 나중에 다른 관광객들에게 달러(1달러에 천 원으로 환산)로 다시 교환하는 모습들을 볼 수가 있었다.

셋째는 금강산 곳곳에 좋은 소나무들이 말라 죽어 있었는데 아마 재선충 감염 때문에 아닌가 생각되어 남북 합동 산림방제가 시급하다고 생각된다. 이번 방문에서 곳곳에서 긍정적인 변화를 보고 느낄 수가 있었다. 그동안 꾸준하고 일관성 있는 남북간의 접촉과 접근의 효과다. 앞으로 남북관계는 민족이익과 국가이익이 조화된 실용적 경제거래 관계로 변화해가야 한다. 문득, 이런 구절이 떠오른다.

궁즉변窮則變 변즉통變則通 통즉구通則久 즉, 주역周易에서의 궁즉통窮則通의 원리이다. 무엇이든지 최선을 다하면 변하게 되고 변하면 통하게 되고 통하면 오래간다는 이 말이 남북관계의 오늘과 내일의 경구警句가 되야 하지 않을까.

통일 사랑방

— 제18기 통일부 통일교육위원 경남협의회 출범에 부쳐

지역통일교육을 할 때마다 항상 아쉬움이 남는 점은, 우리가 하고 있는 통일교육이 어디까지 영향력이 확산될까 하는 생각이었다. 많은 사람들, 다양한 계층을 상대로 통일교육과 활동을 해 오고 있는 데, 어떤 때는 교육자만 있고 피교육자는 없는 것 같은 느낌을 받기도 한다. 한마디로 교육만 있지 진지한 통일논의나 담론이 없다는 것이 아쉬운 점이다.

통일교육에서 싱크탱크와 마우스 탱크의 기능이 적절히 조화를 이루어야 제대로 된 통일교육이 될 수 있고, 그 영향력이 뿌리 깊이 국민공감대 속으로 스며들 수가 있다. 통일교육은 전 국민을 대상으로 바른 통일에 대한 공감대가 일어나게 하는 교육이다. 과연 이것이 제대로 피드백이 되고 있을까.

지금 우리 사회구조는 45백만 개의 사고들이 띠풀처럼 얽혀 끊임없이 분열과 통합의 상승작용을 통하여 자유생명전자를 분출하고 있는 사회다. 이러한 과정을 통해서 선진 민주화와 경제 민주화의 초석을 다져 놓았기 때문에 어떤 권력 작용도 독과점할 수 없게 돼 있다. 선거제도의 정착으로 정치 민주화가 확실하게 착근되었고, 경제 민주화 역시 갈수록 제도화되어 가고 있다. 이제 무엇을 하더라도 원칙과 정확성, 도덕적 룰이 확보되지 않으면, 결국에는 사회안전망에 걸리고 마는 투명 사회로 나아가고 있는 것이다.

이제 남은 과제는 통일의식의 국민공감대 형성을 위한 통일 민주화의 정착이다. 통일 민주화 개념 자체가 좀 생소한 표현인지는 모르겠지만, 국가와 민족의 지상과제인 바른 통일의 대업을 이루기 위해서는 통일 민주화가 제대로 착근되어야 한다. 지금 우리 사회에서 논의되고 있는 통일 논의는 아직까지 흑백 내지 회색 논리로 대립화, 양분화되고 있다. 이러한 논의들이 확대 재생산되어 바른 통일의 합의점을 도출해야 하는데 대부분 대립과 갈등, 분열을 조장하는 악화가 되어 버리고 만다.

통일교육의 구조는 피라미드형의 구조가 정상적이라고 보는데, 지금 우리의 통일교육 구조는 역피라미드형 구조로 되어 있다. 대다수가 자천타천 통일 전문가이고 북한 전문가라면서 통일 교육을 가르치려 들지, 가까이 다가가 공감을 주는데는 아쉬운 점이 있는 것 같다. 마음으로 다가가는 공감은 자연스러운 확산의 연대를 낳는다. 그 확산은 아래로부터 국민의 공감대를 자연발생적으로 형성한다. 이 얼마나 뜨겁고 강한 힘인가. 통일교육을 굳이 강의형식으로만 고집할 이유가 없다. 물론 강의 형식도 중요하지만, 대부분 피드백 되지 못하고 그 공간 안에서 끝나 버린다. 땅속에 비닐이 깔려 있는 것처럼 아래까지 물이 흡수되지 못하고 있는 것과 같다. 따라서 통일교육 방법의 다양화를 모색해야 한다.

먼저, 통일교육의 접근 자체가 자유롭게 이루어져야 한다. 다양한 교육방법의 개발이다. 강의, 기고, 교육 활동, 다양한 매체의 활용, 이웃에게 부담 없이 다가가는 통일논의와 담론 개발 등 다양한 방법의 통일교육이 요구된다. 지식전달의 기능을 넘어 가슴의 교육을 통해서, 이웃에게 다가가자. 그래서 형식의 틀을 뛰어넘는 통일 사랑방 운동의 전개를 제안한다.

통일 사랑방! 얼마나 아름다운 공간인가. 통일 사랑방 운동을 통해서 아래로부터의 공감대가 확산되어 국민 모두가 통일의 주역이라는 인식이 확산될 때, 비로소 북한의 체제 유지자들이 모든 기득권을 버리게 될 것이다. 그리고 북한 주민들이 안심하고 우리 대한민국의 품속에 안기게 되고, 드디어 대망의 민족공동체를 이룰 수 있다. 이제부터는 통일교육의 방법론에 대해 진정으로 고심할 때가 아닌가 생각해 본다.

통일딸기를 아십니까

통일딸기, 남북관계가 한창 잘나갈 때 붙여진 이름이다. 남북 상생교류의 상징, 경남의 남북 농업교류협력의 대표적 브랜드다.

남쪽지역에서 딸기 모주를 평양에 있는 경남의 협동농장(강남군 장교리 소재)에 보내어 육성시킨다. 남쪽보다 기온이 낮은 북쪽지역에서 모종을 육성시켜 다시 남쪽으로 가져와서 재배한다. 지구온난화 시대를 맞아 장래를 대비한 조치이며, 남한의 농업기술과 북한의 토지, 노동력이 조화를 이루는 남북 상생공영의 상징적 모델로 평가받았었다. 그러한 통일딸기 모주가 지금 정부의 허가를 못 받아 북한에 가지 못하고 시들어가고 있다는 소식을 들으니 마음이 무겁다.

이것이 남북관계의 현주소다. 지금까지의 남북한 상황을 보면 정부 입장도 충분히 이해된다. 지금 우리의 대북정책이 역대정부의 대북정책이나 관계에서 한 단계 선진화된 정책과 구체적 대안인데도 체제유지에만 급급한 탓인지 갈수록 저항적이고 대립적이다. 북한도 하나의 국가체제인 이상 최소한의 법치와 국제간의 신뢰와 약속을 지켜가야 한다. 그렇지 못하면 대립과 갈등, 충돌은 계속될 것이다. 그래도 동족이며 형제간인데, 숙명적으로 안고 가야 하는 것이 우리의 입장이다. 역대 우리 지도자들의 고심을 충분히 알 것 같다.

앞으로 대북교류협력에 있어 지방정부가 갖는 역할은 크다고 본다. 지방정부와 민간단체가 최소한의 역할분담은 해주어야 하며 정부도 이 부분은 믿고 허용할 수 있는 유연성을 보여주어야 한다. 이럴 때일수록 지방정부의 대북교류 협력은 훨씬 유연해지고 안정적일 수 있기 때문이다. 지방정부의 대북교류사업은 중앙정부차원에서 정치적인 문제로 이루어질 수 없거나 잠정적으로 중단된 남북교류협력을 보완하고 가교역할을 할 뿐만 아니라 남북한 상호간의 신뢰회복에도 중요한 역할을 할 것이라고 본다.

경남의 대북교류사업은 2006년부터 본격적으로 시작되었다. 경남의 대북농업 교류협력사업의 실질적 산파역할을 한 단체는 경남통일농업협력회라는 농업 민간단체이다. 이 단체가 전국에서 처음으로 북한의 평양시 강남군 장교리 협동농장을 북한 주민들과 공동으로 농업사업을 추진함으로써 생산적 역할분담과 민족동질감 형성의 좋은 선례를 남겼다. 특히 통일딸기 모종은 고랭지에서 생육된 내성이 강한 품종을 해마다 중국이나 호주 등지에서 10억여 원 이상 수입해오고 있어 남한보다

기온이 낮은 평양에서 모주를 생육시키면 내성이 강하고 무바이러스 모종을 키울 수 있으며 수입대체효과도 크다. 앞으로 우리가 바라는 통일을 지향하려면 상호주의 원칙은 철저히 지켜가면서 기존 지방정부나 민간단체에서 추진하고 있는 농업협력사업이나 순수한 인도적 차원에서의 대북사업은 계속되어야 할 것이라고 본다.

그동안 우리는 너무 평화지상주의에 고착되어 있었다. 북한의 생떼나 도발이 귀찮고 두려워 무조건 지원하기만 하면 전쟁을 막으면서 평화와 안정을 유지할 수 있다는 극단론에 머물러 있었다. 그럴수록 북한은 우리의 전쟁 포비아(공포증)를 체제유지와 대남공작으로 역이용해 오고 있었다고 볼 수 있다. 실제 우리는 상당히 북한에 의해 이용당하고 있는 사실을 알면서도 평화와 안정을 위한다는 명분 때문에 눈을 감고 있었던 것도 부인 못한다. 우리가 평화를 지켜낼 수 있는 능력과 의지가 있어야만 한반도는 물론 동북아의 안정과 평화를 지켜낼 수가 있는 것이다. 스위스의 평화를 보라. 스위스의 중립은 무장평화 · 무장중립이다. 스위스에는 중립의 평화를 지켜내기 위해서 전쟁도 불사한다는 각오로 27만 개의 방공호와 3,000개의 핵 방어대피시설이 존재하고 있다.

우리도 평화와 통일을 확실히 담보할 수 있는 방법은 있다. 그것은 대한민국의 정체성 · 정통성을 지켜가면서 민주주의와 시장경제주의, 안보를 뒷받침할 경제력 확보, 교육과 문화적 다양성 확보와 국제협력 증진을 계속 향상시켜야 한다. 그리고 북한과 전세계를 향해 북한이 핵

위협과 군사도발을 감행하면 확실히 대응한다는 의지를 보여주어야 한다. 물론 전쟁이 나면 경제와 민생이 심각한 타격을 입는다. 그러나 경제와 민생보다 더 큰 인간가치, 사회 안정, 국가이익을 위해서는 필요하면 전쟁도 두려워해서는 안된다. 전쟁은 끝까지 인내하면서 막아야하지만 끝내 이성적 대화가 끊기고 군사적 강압이 닥치면 이에 맞서는 의지와 정책은 한 국가의 외교와 안보의 기본이다. 이젠 안보도 군사적 안보개념에서 인간 중심의 안보개념으로 바뀌어가고 있다. 스위스 식의 평화모델을 지향하면서, 꼭 지켜내야 할 가치를 위해서는 전쟁도 불사하겠다는 대한민국의 의지가 확실하다면 궁극적으로 전쟁도 방지되고 평화통일도 가능하다.

우리의 통일딸기가 시들지 않고 두고두고 청정하여 남북 간의 상생과 공영에 기여할 수 있는 통일종자, 남북 간을 다시 이어줄 통일 촉매제가 되어야 한다. 따라서 우리 정부도 남북교류협력에 있어서 법치의 범위 내에서 지방정부의 역할에도 재량과 자율성을 부여해 줄 수 있는 유연성을 보여주기를 바란다. 다시 한번 물어본다. 국민 여러분, 통일딸기를 아십니까.

밥상의 의미

형제들이 많은 집안이 대체로 우애가 돈독하고 분위기가 화기애애한 것을 볼 수 있다. 비록 가난하고 불편하게 살아도 탓하지 않고 작은 것이라도 서로 나누어 가지며 항상 밝고 웃음이 그치지 않은 것을 보면 사랑이 충만한 공동체 질서의 중요성을 실감하게 된다. 오히려 형제가 적은 집이 우애가 적고 시끄러운 것을 보게 된다. 이럴 때마다 '사랑과 관용이란 돈으로 살 수 없는 것이구나!' 라는 것을 느낀다.

미국은 다원화 사회의 대표적인 국가이다. 세계 곳곳에서 이민 온 다양한 인종의 사람들로 구성되어 법과 질서를 존중하면서 균형과 조화를 이루어 가고 있는 아름다운 나라이다. 이렇게 피부색, 인종이 다른 형제들이 싸우지도 않고 저마다 개성과 특색들이 조화를 이루며 살아갈 수 있는 비결은 무엇일까.

인간 근본의 끊임없는 자유의지가 민주주의 공동체를 다지며 시장경제의 성장을 통해 부의 합리적 분배를 실천해왔기 때문이라고 본다. 구소련이 중앙집권적 계획경제와 가부장적인 체제 아래 억지로 형제의 관계로 봉합되었던 상태에서 냉전이 끝나 구소련이 해체되자 제각기 미련 없이 흩어져 버린 경우와 극명하게 대비된다. 한반도에는 동족이면서 60여 년을 등을 지고 살아온 두 개의 체제 남북한이 존재하고 있다.

남한은 세계 속에 선진 강국 대한민국으로 빛나게 뻗어가고 있는 반면, 북한은 만성적인 기아로 국가 생존과 체제 유지의 기로에 서 있는 상태이다.

지금 최악의 식량난으로 지원 여부를 놓고 미국을 중심으로 세계의 포커스가 집중되고 있는 것을 보면서 남의 일이 아니라서 심히 착잡하고 안타깝다. 저들의 생각의 변화 여부에 따라서 이 넓은 세상에 먹을 거리 문제는 도와가면서 해결할 수 있을 터인데 앞앞이 말 못하고 벙어리 냉가슴만 앓는 꼴이 현재의 우리 입장이다. 더욱이 유엔이나 미국, 그리고 EU 등이 북한의 식량지원 문제를 들고 나오니 이 문제가 우리 쪽의 책임이나 되는 것처럼 인식될지도 모른다.

북한 식량난의 일차적인 책임은 북한체제에 있지만 저런 상태가 계속된다면 동족의 입장에서 우리의 책임 역시 벗어날 수가 없어 유감이다.

현실적으로 극명하게 대립되는 입장에서 잘사는 형제가 못사는 형제에게 좋아서거나 아니면 대외적인 체면에서 공갈, 협박, 그리고 판을 뒤엎는 것이 겁이 나 무조건 퍼주는 식의 방법도 문제가 있었다고 본다.

지난 정부의 대북정책을 전면 부정하는 것은 아니지만 저들에게 쓴 약보다는 달콤한 사탕 맛을 더 들이게 한 책임은 어느 정도 감수해야 할 것이다. 또한 형제가 잘 못한다고 나무라면서도 곳간의 문을 꽉 닫고 있는 것 같은 오해의 소지를 받을 수 있는 현 정부의 대북정책 딜레마 역시 지혜롭게 풀어가야 할 당면과제가 아닌가 생각된다.

내년에는 지지난 정부 때부터 차관형식으로 지원한 대북 쌀 상환기한이 도래한다. 순진한 생각인지는 모르겠지만 저쪽의 대응이 주목된다. 차관형식의 유상으로 지원한 쌀에 대한 분배의 투명성 요구 역시 책임한계가 애매모호해질 수밖에 없다.

2007년 9월 흥남부두에서 10일간 대북 쌀 차관 인도요원으로 역사적 현장에 참여했던 필자의 입장에서 쌀은 한민족의 혈을 이어주는 촉매제이며 통일의 밥상이라는 데는 변함없는 주관을 가지고 있다. 그리고 남북관계의 합리적인 대안이 마련되어 남과 북이 통일의 밥상을 차려 서로 마주 앉아 향후 통일의 농사를 착실하게 의논할 수 있는 시기가 빨리 왔으면 하는 바람이다.

통일 용광로

구랍 20일 통일부 통일방송 프로그램에 게스트로 초대 받아 출연한 적이 있다. 진행자가 마지막 질문 중에 통일을 한마디로 표현하라기에 "통일은 용광로이다."라고 답변을 했다.

용광로는 녹슬고 묽은 쇠들을 녹여내어 새것으로 만들어 낸다. 분단의 철조망을 녹이고, 이념, 갈등, 대립도 녹여 정제시킨다. 지역 통일교육을 실시해온 책임자의 입장에서 그동안 사회 · 학교통일교육을 실시해 온 과정에서 과연 균형적인 입장에서 통일교육을 해 왔는지, 내 자신을 되돌아보는 계기가 되었다.

2005년 통일부 통일교육위원으로 위촉되어 통일교육 활동을 해 오면서 몇 차례 북한을 공식 방문하고 통일문제나 북한체제에 대해 다양한 시각을 가진 학자, 통일교육자, 활동가들과 직 · 간접적인 접근을 통하여 균형감을 잃지 않으며, 바른 국가관과 통일관의 정체성을 찾고자 고민하고 노력한 과정의 연속선상이라고 보면 되겠다.

1995년부터 민주평통자문위원직(선거직에 의한 당연직 위원)을 계속 수행해왔으며, 지난 참여정부에는 11기 민주평통자문회의 지역협의회장직을 맡기도 했다.

참여정부 초창기에는 정책의 집행에 순수성과 참신성이 있어보였다. 자기 추천을 통한 추천위원장 공모제 도입 등, 나 역시 자기추천을 통해서 추천위원장으로 선정되어, 추천위원회를 구성해서 공정하고 객관적으로 자문위원을 인선했었다. 당연직을 제외한 직능직은 각계각층, 정당도 여야 고르게 능력 있고 명망 있는 사람들을 골고루 인선했다.

그러다보니 불협화음도 없었고 임기 동안 소신껏 활동을 할 수가 있었다. 용광로와 같은 구성원이었다. 그 당시 통일교육위원도 자기추천에 의해서 공모하여 위촉되었다. 그런데 참여정부 말기였던 12기에 가서는 인선과정이 자기 사람 심기와 같은 구태를 적나라하게 보여주었다.

MB정부 초기 역시 수도권은 모르겠지만 지역에는 당이, 특히 지역구 국회의원이 자문위원 인선을 좌지우지한다는 소문이 들렸고, 실제로 그러한 정황이 곳곳에서 나타났었다. 모 지역에서는 이미 내정된 회장 인선을 지역구 국회의원이 사무처에 압력을 넣어 뒤바뀌는 사태도 발생되었다.

통일교육위원 인선과정은 지금까지는 상대적으로 경쟁이나 외압이 거의 없는 편이었다. 통일교육위원 제도라는 무게감 있는 이미지의 영향도 있었을 것이지만, 선발인원의 지역별 비례로 한정된 인원에다 학력, 경력 등이 높고 다양한 측면을 고려한 데도 영향력이 작용했을 것이다. 거기에다 통일정책이라는 크고 중요한 과제를 놓고 볼 때, 통일교육은 객관적 합리적 균형적이지 않으면 아니 되기 때문이다.

특히 MB정부의 통일교육은 내용적인 것보다는 지역통일교육 기반구축에 발전적으로 노력해온 점은 인정한다. 각 지역협의회 사무공간, 인력 확충, 지역센터 운영의 시스템화에 주력한 결과 지역에서 가시적인 성과들이 나타나고 있는 것을 실감할 수 있다.

이제 머잖아 18기 통일교육위원이 위촉되고, 각 지역 협의회가 구성되어 출범하게 된다. 통일교육위원 인선과정에서 건의하고자 하는 것은 기존위원들이 특별한 결격사유가 없으면 활동의 연속성이 보장되었으면 한다. 그리고 신규나 인터넷 추천을 통해서 지원한 통일교육 위원 희망자들도 적합한 조건만 인정된다면 모두 위촉하여 통일교육의 인적 자원으로서 활용한다면 향후 지역 통일교육의 훌륭한 인적 인프라가 될 수 있을 것이다.

국가는 무보수 명예직인 이들이 희망하면 위촉인원을 제한할 이유가 없다고 본다. 새해엔 이들이 통일의 용광로가 되어 한반도의 올바르고 희망차고 행복한 통일을 여는 데 효자 노릇을 했으면 하는 바람이다.

생사生死 정도는 확인할 수 있어야

얼마 전 통영에서 열렸던 한 사진전 행사가 우리를 슬프고 안타깝고 고민하게 만든다. 전시회의 이름은 '북한 정치범 수용소 전시회' 이지만 그 속엔 우리 이웃의 피 맺힌 얘기가 웅크리고 있었다.

'그곳엔 사랑이 없습니다. 정치범수용소 전시회. 그런데 통영의 딸이 그곳에 있습니다' 란 테마로 매우 이례적이면서 특별한 사진전이었다. 문제의 그 북한 정치범수용소에는 경남 통영 출신의 신숙자 씨와 딸 둘이 억류되어 있으며 생사조차 확인할 수가 없다고 한다.

그녀는 경남 통영시 서호동 출신으로 당시 파독되어 간호사로 일하고 있던 중 1985년 그녀의 남편 오길남을 따라 딸 규원, 혜원과 함께 월북한다.

그녀의 남편 오길남은 당시 독일에서 유학 중이었는데 경제학을 공부하여 박사학위를 취득하였으나 올바른 직업을 구하지 못하고 있던 차에 북한에 가면 좋은 교수직과 가족을 보장해 주겠다는 북한 요원의 말을 믿고 월북을 결심하게 되었다고 한다. 당시 신숙자 씨는 강력히 반대했다고 한다. 결국 남편의 의지로 월북했지만 그의 가족을 기다린 것은 좋은 교수직도 아니었고, 보장해준다던 행복한 삶도 아니었다. 오길남은 북한에서 세뇌교육을 받고 덴마크에 있는 유학생 부부를 유인해오라는 밀명을 받고 다시 독일로 돌아와서 탈출하게 된다. 그의 아내 신숙자 씨와 딸들은 요덕수용소에서 짐승보다 못한 혹독한 영어의 생활을 겪게 된다. 그 후 자수해서 한국으로 온 오길남 씨는 가족의 생사 및 구명 운동을 위해서 모든 것을 바쳤으나 지금까지 생사조차 알 수 없다는 것이다. 자칫했으면 세인의 기억 속에서 그냥 사라질 뻔했던 이 사건이 한 목사 부부의 사진전을 통해서 세상에 알려지게 되었으니 천만다행한 일이다.

지금 통영에선 신숙자 모녀 생사확인 요청 및 구출탄원서 서명운동이 전개되고 있는 중이다. 하나님이 돌보고 있다는 느낌이 들 정도이다. 필자 역시 이 사실을 모르고 있었다. 서울에 있는 지인으로부터 오길남 씨의 행적에 대해서 좀 알아봐 달라는 부탁을 받고 수소문하던 과정에서 그의 슬픈 가족사에 관한 전시회 행사와 신숙자 모녀 생사확인 요청 및 구출 탄원서 서명운동을 하고 있다는 사실을 알게 된 것이다.

우리의 이웃이 저 혹독한 북한의 요덕수용소에서 짐승 같은 생활을 하고 있다는 사실을 모르고 있었다는 것은 정말 충격적이고 부끄러운 일이다. 그리고 알았다는 그 자체가 무거운 짐을 진 것처럼 마음이 무겁고 부담스럽다. 우선 우리 이웃의 일이니 그 무거운 짐을 조금이나마 나누어 덜어주지 않을 수 없다.

이 상황에서 누구의 눈치를 볼 일도 아니며 전후사정의 시비와 잘못을 따질 일도 아니다. 그 당시 분단된 조국의 현실과 지겹도록 못살았던 가난을 벗어나고자 이역의 땅에서 간호사로 험난한 고생길을 가리지 않으며 일했던 우리 통영의 딸 신숙자 씨는 남편이 잘못된 길을 가고 있다는 것을 알면서도 북한행을 택했다. 결국 자기 딸들과 함께 수용소에 갇혀 짐승보다도 못한 삶을 살았을 것이고 지금 생사조차 모르는 실정이다.

자유민주주의와 시장경제의 과실이 넘쳐나는 G20 의장국 대한민국이 사랑하는 이웃의 생사나 인권조차 제대로 확인할 수 없다는 현실이 정말 슬프고 암담할 뿐이다. 먼저 기본적으로 생사 정도는 확인할 수 있는 방법을 찾아야 한다.

통영 · 고성을 떠나 대한민국 자유시민의 힘을 보여주었으면 한다. 인간의 기본권인 행복과 인권이 보호받지 못하는 북한 인권 실태가 제대로 조명되지 못한다면, 누굴 위한 정책이며 사업인지 무슨 의미와 가치가 있는 것인지 우리는 이 사건을 통해서 반면교사로 삼아 바른 통일의 실천 의지를 더욱더 다져야 한다.

사실과 진실

통일신문(7월 25일자)에 신숙자 사건에 관한 내용의 '생사 정도는 확인할 수 있어야' 라는 제하의 칼럼을 기고한 적이 있다. 북한정치범수용소에 경남 통영 출신의 신 씨와 그녀의 딸 둘(혜원, 규원)이 수용되어 있는데, 그들에 대한 구명운동이 통영을 시작으로 확산되고 있다.

신 씨는 딸 둘을 데리고 남편 오길남 씨(당시 독일 유학 중)를 따라 월북한다. 오 씨는 북한에서 세뇌교육을 받고 가족을 남겨둔 채 독일로 다시 돌아와 탈출해서 한국에 와서 자수를 하게 되고, 신 씨는 딸 둘과 함께 북한 정치범수용소에서 짐승 같은 생활을 겪게 된다. 이런 기구한 사연이 알려져 그들에 대한 생사확인과 구명운동이 전개되고 있다는 내용이었다. 그녀 가족의 사연이 신문과 방송에 대대적으로 보도되었으며, 또한 북한 정치범수용소에서 탈출한 탈북자들의 증언을 통해서 생생하게 전달되었다.

필자가 통일신문이나 지역신문, 그리고 한두 번의 강연을 통해서 이 사실을 알린 목적은 신 씨 가족들의 기구한 사연이 우리 모두의 문제라고 생각해 많은 사람들이 진정성을 가지고 접근했으면 하는 바람 때문이었다. 특히 이 사건의 실체적 진실이 변질되어 언론이나 보혁 간의 이념논쟁이나 세인들의 가십거리나 해프닝 정도로 끝나버릴까 걱정되었고, 신 씨 가족, 북한 정치범수용소의 문제를 인도적인 입장에서 풀어보자는 데 의의를 두고 있었다.

먼저 신 씨 가족의 생사확인과 구명이 선행되어야 하며, 이어 북한인권 문제와 북한인권법 제정문제 등 실질적 해결 방향으로 접근해야 한다. 그러나 현재의 상황은 본질이 변질되어 가는 것 같아 심히 걱정스럽다. 신 씨 문제가 표면하에 거론되면서 그녀의 남편 오 씨의 월북 행적과 그들의 월북을 조장한 인물이 통영 출신 음악가 윤이상 씨라는 것이 밝혀진 것이다.

윤 씨가 누구인가. 동백림사건의 주인공이며 당시나 지금이나 북한체제에서 영웅 대접받고 있는 사람이다. 그의 음악적인 업적은 세계적으로 인정받고 있지만, 북한의 체제가 존속하고 있는 이상 대한민국의 입장에서는 받아줄 수 없는 인물이다. 제일 당혹스러운 곳이 통영시와 시민들이다. 통영시는 오래전부터 윤 씨와 그의 음악을 테마로 국제적인 음악제를 개최하고 있으며, 해를 거듭할수록 명성을 높이고 있다.

지금 그의 이름으로 국제음악당 건립이 진행 중에 있으며, 지난 정부 시절에는 통영시장 일행이 직접 북한을 방문까지 하여 윤 씨 가족을 만나기도 했다.

지금 이 문제를 접한 통영시와 시민들의 입장에서는 난감할 수밖에 없지만, 신 씨가 지역 출신이고 이웃이라서 통영시민들이 구명운동에 앞장서고 있다. 지엽적인 문제에 급급하게 대응하기보다는 대승적인 입장에서 풀어가려고 노력하고 있는 중이다.

그런데 문제는 지금 현 상황에서 신 씨 가족의 생사확인과 구명문제는 힘을 잃고 있는 반면 , 오 씨의 월북행적과 윤 씨와의 관련된 사실 공방에 초점이 맞추어지고 있다는 점이다. 증언하는 탈북자들이나 오 씨는 윤 씨의 관련사실을 주장하고 있고, 이에 언론들 역시 이것에만 관심을 집중하는 것 같다. 여론 주도층들도 대부분 윤 씨가 관련이 되어있다고 하니 윤 씨와 오 씨의 책임문제로 몰아가 버린다.

온갖 설만이 무성하게 춤추고 신 씨 가족을 구해야겠다는 진실이 힘을 얻지 못하고 있는 실정이다. 이러다가는 신 씨 가족의 문제는 필자가 모두에서 우려했듯이 한때 언론의 가십거리나 오 씨 가족의 해프닝 문제로 끝나고, 결국 신 씨 가족을 도리어 우리가 들추어내어 곤장 때리는 결과가 되지 않을까 싶어 심히 두렵고 안타깝다.

설령 오 씨와 그의 가족이 윤 씨의 주도에 의해서 월북한 것이 사실이라고 해도 그것이 신 씨 가족문제 해결에 현명한 접근방식은 아니라고 본다. 지엽적인 사실들에 전도되어 버리면 본질적인 진실의 문제 해결을 실기하는 우를 범할 수 있다. 지금부터라도 신 씨 가족의 생사 확인과 구명문제를 냉철한 이성과 뜨거운 가슴으로 접근하여 퍼즐을 풀어내듯이 고민하면서 지혜롭게 해결해야 할 것이다.

송미 스토리

한송미는 탈북 처녀다. 나이는 열아홉, 처녀라기보다는 소녀티가 날 정도로 앳되고 인상이 밝아 보인다. 작년 5월에 탈북해서 10월에 입국을 하여 현재 경남 진주에 정착해서 살고 있다. 어려운 생활 여건 속에서도 고입검정시험을 준비하고 있는 것이 기특하다. 싹싹하고 똑똑해서 원장님과 담당 선생님으로부터 특별한 사랑과 보살핌을 받고 있는 중이다. 공부도 열심히 하는 모양이다. 학원비도 거의 무상이다시피 도움을 받고 있다.

무엇보다도 송미의 어머니가 대단하다는 생각이 든다. 그녀는 3년 전에 탈북하여 중국을 거쳐 입국했다. 사지에 있는 딸을 구출하기 위해 국내에서 고생하여 번 돈을 몽땅 털어 딸을 구해 냈다. 위대한 모성애의 발로다. 어머니는 위대하고 강하다는 말이 실감난다. 지금 우리 주위에는 제2, 제3의 송미 어머니가 생겨나고 있을 것이다.

송미하고는 작년 말, 우리 센터(경남통일교육센터)가 해마다 실시하고 있는 북한이탈주민 위안 성금전달 및 위안의 밤 행사에서 만났다. 우리 센터에서는 해마다 도내 북한이탈주민들을 선정하여 성금을 전달하고 위안하는 행사를 해 오고 있다. 작년에도 8월 중에 통일문화축제를 하면서 모은 성금 삼백만 원을 10명의 북한이탈주민들을 초청해서 전달했다. 송미도 그 대상 중의 한 명이었다. 송미는 키가 작고 얼굴은 가무잡잡한 편이지만, 인상과 태도에서는 단연 밝고 착해서 귀여움을 받는 상이다.

결국 송미 엄마의 뜨거운 모성애가 분단의 철조망을 녹인 셈이다. 인간 자유의지의 구현이며 승리다. 사랑하는 자식을 사지에서 구출하고 말겠다는 투혼의 모성애는 요즘 세상에 충분히 귀감이 될 만하다. 자기 이익을 위해서 자식과 정을 끊어버리는 비정한 부모들이 좀 많은가. 편하게 살아온 나 자신을 돌아보며 숙연해진다.

송미 엄마를 보면, 작년에 본 적이 있는 '마당을 나온 암탉' 이라는 만화영화가 생각난다. 이 영화는 우리의 순수 토종된장 같은 만화영화이다. 이 영화에서 천신만고 끝에 자유의 땅 '마당' 을 나온 암탉 '잎싹' 은 우연히 자기가 품어서 낳은 청둥오리 '초록' 을 온갖 위험에서 생사를 걸고 지키며 키워 꿈을 펼치게 만들고, 자기는 결국 애꾸눈 족제비에게 희생되고 마는 스토리가 자연스럽게 눈물과 감동을 준다.

지금도 나의 뇌리에 어미닭 '잎싹' 이 송미의 어머니와 겹쳐 생생하게 맴돌고 있다. 나는 송미의 어머니를 본 적도 없고, 무엇을 하는지도 모르지만, 암탉 '잎싹' 처럼 헌신적이며 희생정신이 강한 전형적인 우리 대한민국의 어머니일 것이라고 생각된다. 송미 엄마는 길다면 긴 시간 속에서 선과 악, 절망과 희망의 구렁텅이에서 오직 희망 하나를 붙들고 얼마나 헤매며 파닥거렸을까. 이 영화의 암탉 잎싹은 결국 애꾸눈 족제비에게 장렬하게 희생되었지만, 송미의 스토리는 지금 해피 중ing 이다. 우리는 송미의 스토리가 끝까지 해피 엔딩이 될 수 있도록 배려하고 보살펴주어야 한다.

머잖아 입국 탈북자 3만 명 시대가 도래할 것이다. 지금도 세계 곳곳에서 이들의 기구한 엑소더스의 행렬이 끝없이 이어지고 있다. 지금 중국 공안에게 체포되어 재송환의 운명에 처해 있는 34명의 탈북자를 보며 우리 국력의 한계를 절치부심 실감하면서 제발 송환되지 말고 제3국행이라도 실행되었으면 하는 바람이다. 인간의 자유의지를 지켜 주지 못하는 대국은 결국 허울뿐인 대국이며 우리 안에서조차 품지 못하는 민족공동체의 건설은 허구이며 한낱 정치적 미사여구에 불과할 뿐이다.

지금 우리 안에 송미 스토리를 자꾸 만들자. 그리고 가슴으로 품어서 통일의 새끼들을 키우자. 앞으로 수많은 송미 스토리가 나와야 진정 통일한국으로 가는 길이며 선진 연성강국으로 나아가는 지름길이 될 것이다.

아버지를 찾습니다

지난 6월 어느 날, 김 차관(김석우 전 통일부 차관)에게서 전화가 왔다. 간단하게 안부를 묻고는, '황인철'을 아느냐고 묻는다. 모르겠다고 하니, KAL기 납치사건을 아느냐고 묻는다. 그건 알고 있다. 내가 중학교 다닐 때 일어난 사건인데, 당시 나의 어린 가슴에 엄청난 충격과 공포를 안겨준 사건이다. 그 당시 납북되었다 아직 돌아오지 못하고 있는 황헌 씨의 아들이 황인철이며, 그가 지금 경남 창원시청에서 송환촉구 100만인 서명운동과 사진전을 하고 있으니, 가서 격려하고 도와줄 일이 있으면 도와주라고 한다. 자기는 유엔을 통해서 송환 촉구 운동을 하고 있다는 것이다. 워낙 열정적인 분이며, 통일문제나 탈북자 문제에 관심과 활동 영역이 넓은 분이라, 이번 문제에도 전직 베테랑 외교관으로서의 역량을 잘 발휘하고 있구나 싶어 고맙고 대단하다는 생각이 들었다. 김 차관이 알려 준 핸드폰 전화번호를 가지고 먼저 황씨에게 전화를 했다. 반갑게 받는 것이 오히려 부담스러울 정도다. 솔직히 말해서 김 차관의 부탁에 대한 예의와 의무감에서 먼저 전화를 걸고 한번 가보려고 생각했었다. 고생한다는 인사와 함께 체류 일정, 숙식관계를 물어보았다. 내일까지 일정이며, 모레에는 강원도 춘천으로 간다고 한다. 숙식은 인근 여관, 식당에서 간단하게 해결하겠다고 한다. 나 역시 내일 오후에 가겠다고 약속을 했다.

연일 계속되는 장마기라 몸과 마음이 온통 무더운 습기로 젖어 있는 기분이다. 현재 그가 있는 창원시청까지는 자동차로 1시간 이상이 걸린다. 게다가 그를 도울 수 있는 구체적인 생각이 떠오르지 않는다. 어떻게 격려를 해야 하나, 도운다면 어떤 식으로 도울 것인가. 지인들에게 연락해서 서명운동에 동참하라고 알리는 방법도 있다. 허나 그들이 갑자기 나의 부탁을 받고 절실한 마음으로 달려가서 위로하고 서명해줄 사람이 과연 몇이나 될까? 난감하다. 나처럼 이렇게 약간 생각하다가 무심코 씹어버리거나 적당히 변명하다가 말겠지. 당사자에 비해 천분지 일이라도 애절함, 절실함이 있을까. 세월 속에 잊혀가는 억울한 사람들, 그저 체제, 분단 탓하고 정부 탓으로 돌리고 서론 본론 나열하다가 결론은 흐지부지되고 마는 크고 작은 남북문제들, 원인 제공자는 항상 북한, 저들이었다.

이러한 과정에서 희생되고 미제로 끝나 버릴지 모를 사연과 사건들이 너무 많을 것 같아 생각할수록 화가 난다. 황헌씨 부자와 미송환된

납북가족들의 문제도 그중에 하나다.

다음 날 오후, 기분 또한 습한 장맛비 속을 뚫고 창원시청을 향해 차를 몰았다. 늦은 오후라 직원들이 퇴근한 시청 로비는 어둡고 한산했다. 그 속에 얼굴이 검고 마른 40대 남자가 초점 잃은 눈으로 주위를 두리번거리면서 전시 사진들과 함께 우두커니 로비에 서 있었다. 우리는 서로 인사를 나누고 나서, 서명부가 있는 책상으로 가서 서명을 했다. 간간이 받았는지 서명수가 많지 않은 서명부가 썰렁해 보인다. 우리는 민원인 의자에 앉아 이런저런 얘기들을 나누었다.

황 씨는 자기가 2살 때 아버지가 강릉 모 방송국에 근무했었는데, 그날도 일상적으로 강릉에서 김포행 비행기를 타고 퇴근하다가 납북되었다고 한다. 퇴근하는 아버지를 기다리는 행복에 겨운 가족들에게는 졸지에 끔찍한 운명이 되어 버렸다. 대부분 송환되었지만, 황 씨 아버지를 포함해서 10명은 아직까지 생사 확인조차 어렵다고 한다. 천륜을 강제적으로 끊는 것만큼 큰 죄악은 없다고 했다. 저들은 서슴없이 만행을 저지르고 있다. 가족들을 찾기 위한 이 메마르고 처절한 운동을 벌써 8년째 하고 있다고 하는데, 그동안 마음고생, 몸고생 해 온 것을 생각하면 숨이 턱턱 막힐 정도다.

40여 년이라는 세월 동안 분단의 사각지대에 갇혀 애간장만 타들어가는 고독의 사나이 앞에서 내가, 그리고 사랑하는 나의 조국이 과연 무엇을 해 줄 수 있을지 그저 막막하고 억울해서 실컷 울음이라도 토하고 싶은 기분이다.

평양을 다녀와서

경남도민방북단 일원으로 평양을 방문했다. 정말, 특별한 기회였다.

특히 전세기로 처음 김해에서 평양까지 직항로로 간다는 것은 행운이었고, 두고두고 가슴 설레는 일이다. 4월 9일 오전 8시 출발, 공항에서 출발 대기 중인데 소식이 없다. 속으로 궁금증이 일어난다. 또 못 가게 되는 것은 아닌가. 드디어 8시 30분에 출국수속이 시작되었다. 진짜 가는구나. 순간, 선입견을 가지고 의심한 나 자신이 부끄럽다. 전세기는 김해에서 대구, 대전, 인천을 지나서 서해안 공해로 빠져나가고 있다. 10시경, 평양 순안공항 도착, 평양이라는 붉은 글씨와 김일성의 웃는 모습이 대형사진으로 눈에 들어온다.

명색이 국제공항인데, 여객은 우리뿐이다. 썰렁한 공항 마당엔 고려항공소속 소형 여객기 몇 대가 조종석 창문이 천으로 가려진 채 대기해 있다. 텅텅 비어 있는 공항이 웃고 있는 김일성의 대형 초상화와 비교되어 더욱더 멋쩍어 보인다. 공항수속절차는 순조로웠고, 표정도 우호적이고 친절하다. 경계심, 적대적 감정도 생기지 않는다. 자연스럽고 여유도 생긴다. 그만큼 우리의 위치가 커졌고, 여유가 있기 때문일까. 여유가 있으면, 자연스럽게 마음 자체도 포용적이 되는 것일까. 이것도 해방 후부터 지금까지 온갖 변화에 부대끼고 적응해오면서 탄탄하게 자생력을 키워 온 우리의 저력이라고 본다. 안보 불감증보다는 우리 체제와 안보에 대한 자신감이다.

우리가 북한을 대하는 태도에서 점령군(?) 같은 자세가 배어 있는 것도 다 이러한 밑바탕이다. 우리는 그동안 수많은 왕래와 어려운 협상을 통해서 그들을 너무나 잘 알기 때문이다. 아! 한마디로 평양은 환기통이 없는 실내, 정지된 상태로 있으면서, 서서히 빛이 빠져 나가 버린 도시. 온갖 붉은 구호의 장식과 집단의 밀실인 광장의 도시였다.

짓다가 그만둔 채 있는 103층의 유경호텔의 흉한 모습이 북한의 과거, 현재와 미래를 암시하고 있는 것 같았다. 평양에서 그나마 빛나는 것들이란 온갖 붉은색의 구호, 김일성 부자의 동상과 모자이크 벽화, 정주영 체육관, 개선문, 만경대 풍경과 동명왕릉 등이다. 내가 진정 보고 싶은 것은 못살아도 사람들의 활기찬 모습이었다.

그런데, 오고가는 사람들의 얼굴엔 삶의 기가 빠져 있다. 그들은 무표정한 얼굴로 오가고 있다. 생각이 없고 길들여진 사람들. 아니, 이건 절대 선입견은 아니다. 90년대 모스크바 시민들, 작년에 본 캄보디아 사람들, 베트남 사람들의 얼굴에서는 삶의 근성이 가득 차 있었는데, 평양 사람들의 행동이나 표정에는 그러한 의욕이라곤 찾아볼 수가 없었다.

차라리 독기라도 보고 싶었다. 대륙지향의 기상을 타고난 북한 사람들을 누가 이렇게 무기력하게 만들어 놓았나. 정말 서글퍼지고, 화가 난다. 우리가 바라는 통일과 통합의 길이 결코 쉽지 않겠구나 하고 느꼈다.

수십 년 동안 김일성 부자의 세습체제에 순응해 오면서 자생력을 잃어버린 북한 주민들에게 삶의 근성을 찾게 해주고, 고구려의 진취적 기상을 되찾게 해주고, 삶의 방법과 창의력을 복원시켜주는 것이 급선무다.

세계가 하루가 다르게 변하여 가는데, 아직까지 주체타령이나 하는 한, 두 지도자가 전체 인민을 다 먹여살리겠다는 발상은 너무나 한심스럽고 위험천만한 일이다. 우리는 해방 후부터 지금까지 엄청난 혼란과 희생과 가난을 이겨오면서 온갖 불합리한 제도와 방법을 변화 · 개혁해 오면서, 국민 스스로가 주인인 튼튼한 자유시장 경제대국을 만들어 가고 있다.

평양을 방문하고 나서, 지도자를 잘못 만남으로 인해서 그 후유증이 실로 엄청나다는 것을 실감했고 한반도에 태어난 것이 그나마 불행 중 다행이라고 생각되었지만, 북한의 현실을 못 본 척할 수는 없으며 결국 우리가 해결해야 할 숙명적 과제라 생각되어 더욱더 정신이 빤짝! 드는 특별한 경험이었다.

개성공단을 다녀와서

개성공단에서 오라는 연락이 왔다. 이번 방문은 나에게 특별한 무엇이 있었다. 개성공단을 직접 보면 남북한 통일의 미래를 예감할 수 있을 것 같았다.

가까스로 9시 출발 10분 전에 도착했다. 9시 50분경, 우리 측 도라산 출입국사무소에 도착해서 간단하게 출경 수속을 받고, 이어서 다시 버스를 타고 북측 관리사무소에 도착했다. 녹황색 제복을 입은 북측 직원들이 보인다. 그들의 표정은 밝았고, 여유가 있고, 세련되어 보였다. 그들의 여유 있는 행동에는 경제비타민이라는 활력소가 들어 있기 때문일까. 수속절차는 개성공단 초기에는 하루에 두 번씩만 입·출경이 가능했는데, 이제는 30분 간격으로 바뀌었다고 한다.

개성공단 근교의 산들은 나무 한 그루 없는 민둥산이었고, 주산인 송

악산이 개성시내 회색 건물들을 안고 있는 모습이 한눈에 들어 왔다. 그 모습이 몰락한 부자가 자식들을 안고 초라하게 앉아 있는 모습과 같아 보였다. 개성 시내의 퇴락할 대로 퇴락한 회색 건물들은 경제적 격차를 대변하고 있었다.

브리핑 장 안에는 우리 일행 이외에도, 다른 투자단들 일행 20명, 그리고 외국인 기자도 몇 명 보였으며, 열심히 취재하는 모습을 보면서 개성공단은 이제 세계경제의 관심축이구나 하는 것을 실감할 수 있었다.

개성에서의 제조와 서울에서의 금융, 그리고 인천에서의 물류가 연계 가능한 황금의 경제 3각지, 향후 우리의 진해 신항만과 연결되고 시베리아 횡단철도TSR, 중국횡단철도TCR로 중국, 러시아, 유럽까지 육로 물류가 가능한 환경과 여건이 구축되고 있었다. 남북이 함께하는 도시로서 남측의 기술과 북측의 인력, 토지가 잘 결합되어 기업들이 투자하기 좋은 제도와 여건을 갖춘다면, 남북한 양측 다 두 마리 토끼(평화와 경제력)를 잡을 수 있는 가장 이상적인 상생의 지역이 될 수 있다.

공공시설 방문을 끝내고, 우리가 방문할 기업체로 향했다. 신원이라는 꽤나 이름난 유명 브랜드 의류업체다. 이곳에는 15개 라인에 830명의 북측 근로자가 근무하고 있다고 했다. 70년대 우리의 자유수출지역을 연상케 한다. 그들을 보니, 그 당시 우리 누나들의 모습이 순간 클로즈업된다. 대부분 개성시내에 살고 있는 여성들인데 순수하고 진실해 보인다. 우리가 가도 한눈팔지 않고 열심히 재봉틀을 다루고 있는 그들의 모습이 성실과 땀과 미래에 대한 희망으로 빛나고 있다. 그들은 개성공단에 근무하는 것을 최고의 기회라고 생각하고 있으며, 지난 10월 북한 핵무기 실험 때도 대외적으로는 시끄러웠지만 진작 개성공단은 오히려 더 열심히 일했다고 전한다. 개성시내 관광이 진척되어 개성시내가 활기를 더했으면 하는 바람이며, 공단조성이 순조롭게 진행되어 북한 주민들이 골고루 취업할 수 있는 날도 기대해 본다.

두 번째 방문회사는 부천기업이라는 전자제품 부품 생산업체였다. 이 기업 역시 인력 수급 때문에 고생을 하고 있던 차에 개성공단에 모험적인 도전을 했다고 한다. 이곳에 있는 기업들이 거의 다 인력을 절대적으로 필요로 하고 있다. 사실, 어디에 가서 이만한 양질의 인력을 구할 수 있겠는가. 진실로 핏줄이 남보다 낫구나, 고맙고 기특하다.

마지막 방문지로 기술교육센터 건립 현장으로 갔다. 7월에 완공예정인 이곳을 보면서, 개성공업지구 사업추진 시스템이 얼마나 철저하게 준비 계획되어 실행되고 있다는 것을 확인할 수 있었다. 개성공단에 근무하는 북한 근로자들의 열심히 일하는 모습을 보면서 순간 나태해졌던 나의 마음가짐을 새롭게 다진다. 이들을 보면서 정말 사람만이 희망이구나! 재삼 실감하는 순간이다.

치킨게임에 대한 오해

혹자는 얘기한다. 작금의 개성공단 사태를 남과 북이 치킨게임을 하고 있다고. 우리의 입장에서는 정말 억울하다. 게임을 걸어온 측은 순전히 북한이다. 멀쩡하게 잘 돌아가던 공단이 하루아침에 저들의 더티한 도박장이 되어 버렸다. 입주 기업인들, 공단 근로자들, 가족들, 하루아침에 빈털터리가 되어 하늘을 쳐다보고 있다. 청천벽력이다. 난리도 이런 난리가 없다. 총성 없는 전쟁, 지금 우리는 소리 없는 전쟁으로 엄청난 고통을 겪고 있다. 우리 대통령께서 이 세계에 어느 정상적인 국가가 저들과 거래를 하겠는가라고 분노의 일침을 가하셨다. 그렇다. 개성공단이 완전 폐쇄되면 이제 저들과 거래할 국가는 이 세계에서 아무도 없을 것이다. 마지막 우방 중국도 저들에게 등을 돌릴 것이다. 고립무원, 자기들끼리 피 터지게 싸우다가 스스로 망가져 버릴까. 불똥이 어디로 튈지 모른다. 완전 붕괴 아니면 레짐 체인지, 중국이 김정은 일당의 지나친 일탈행위를 보다 못해 제거해버려? 그리고 친중정권 수립? 중국이 북한체제를 관리하고 주도권을 가지는 것도 절대 안 될 일이다. 결국 북한 체제는 우리가 정상적으로 관리해야 한다. 여러 가지 생각들이 꼬리를 문다.

정말 개성공단 문제를 냉철하게 바라보자. 북한의 돌발적 개성공단 통행금지조치, 북한 근로자 전원철수, 남한 측 관리자 전원 귀환, 공단 폐쇄 후 공동화 상태, 마치 전쟁 피난민 같았던 우리 측의 귀환행렬은 울분을 삼키면서 지켜 본 남북한 현실의 슬픈 액소더스였다. 그리고 마지막 생명줄 단수, 단전 조치가 이루어지면 남북한 관계는 회복 불능 상태에 빠지게 된다. 그 막대한 투자 자산들이 하루아침에 고철, 쓰레기 더미로 변해버리고, 약속은 물거품으로 변해버릴 것이다. 갈수록 뻔한 책임만 전가시키려는 저들의 술책은 가증스럽다 못해 생각만 해도 현기증이 일어날 정도다. 앞으로 개성공단이 완전 문을 닫게 된다고 가정해보면, 그 뒤에 닥쳐올 엄청난 후유증을 어떻게 극복해 낼 수 있을지 걱정이 앞선다.

먼저, 개성공단 입주 기업인들은 오랫동안 공단 폐쇄 트라우마로 심각한 공황상태를 맞게 될 것이다. 기업의 도산이 주는 경제적 사회적 파장은 가히 상상만 해도 끔찍하다. 4만여 명의 북한 근로자 및 가족들의 운명은 어떻게 될지 걱정스럽다. 자본주의 맛을 본 그들을 요주의 대상자로 북한 체제가 그냥 둘 리 없기 때문이다.

둘째, 남과 북을 이을 수 있는 마지막 출구가 완전 차단되어 남북교류 협력에서 경제 분야 시스템마저 제대로 작동되지 못한다면, 저들은 고립 타개책으로 또 다른 도발을 자행할지 모른다.

셋째, 군사 안보적인 대결 방법밖에 없으므로 분단비용은 더욱 가중될 것이고, 남북한의 대치상황은 극에 달할 것이다. 결론적으로 개성공단의 문제는 우리가 먼저 핸들을 꺾은 것은 아니라는 점이다. 혹자는 우리가 먼저 핸들을 꺾었다고 생각할지 모르지만 자책골을 넣은 것은 엄연히 저쪽이다. 저들은 개성공단 이상의 다른 대안을 찾은 것도 아니다. 내부 무마용, 국면 돌파용으로 이용한 것이 개성공단 폐쇄 카드였지만 도리어 우리에게 허점을 보인 꼴이며 결국 자승자박의 길을 자초하고 말았다.

개성공단 문제해결의 열쇠는 분명히 우리가 가지고 있다. 머잖아 남북한의 이 소모적 갈등관계가 가라앉으면 어떤 방식이든 우리가 주가 되는 명분이 구축될 것이며, 다시 개성공단의 해결방법이 모색되리라 본다. 저들은 대북관계에 대한 우리 정부의 원칙과 신뢰의 진정성을 결코 무시할 수 없을 것이다. 앞으로 남북관계에 있어서도 새로운 방향으로 선진화되지 않을까 기대해본다.

황금평, 그리고 중국

근현대사에서 한반도의 역사는 대륙세력과 해양세력의 끊임없는 대결의 연속이라고 볼 수 있다. 중국과 일본, 러시아와 일본의 대결 그리고 미소의 냉전, 지금에 와서는 미국과 중국의 보이지 않는 대결구도가 그렇다. 체제와 이념이 다른 채 각각 수립된 남북한 두 체제의 태생도 따지고 보면 두 세력 간 대결의 잉여물이라고 볼 수 있겠다.

초창기에 북한도 등거리 외교를 통해서 두 큰집의 시어머니들 눈치 보느라고 전전긍긍한 적이 많았다. 북한의 김일성은 중소 간의 첨예한 갈등과 대립을 조정해가면서 북한체제와 정체성을 그런대로 유지해왔다고 평가받고 있다.

얼마 전에 북, 중 라-선 황금평 공동개발사업 기공식이 있었다. 우리들에게 나진 · 선봉지역은 어느 정도 알려진 지역이지만, 황금평은 생소하게 들리는 지역이다. 황금평은 압록강 하류에 있는 섬이다. 북한과 중국을 경계로 하는 압록강 두만강 갈래에서 강의 퇴적층으로 이루어진 수백 개의 섬과 사주가 있는 데 그중에 하나이다. 우리의 여의도 규모보다 좀 더 큰 면적으로 1962년 조 · 중 경계 조약에서 북한 소유가 된 지역이다. 중국 입장에서는 황금평을 북한에게 넘겨 준 것을 두고두고 후회할 정도로 전략적으로 중요한 지역인 모양이다. 향후 중국이 북한의 급변사태를 대비해서 합법적으로 개입할 수 있도록 북한의 영토 안에 미리 발을 담그려 한다는 분석을 내놓고 있다. 이러한 수순을 통해서 중국의 동진정책의 교두보를 확보하려는 계산인 것 같아 우리 측 입장에서 보면 더욱더 답답해지고 경계 또한 늦출 수가 없다.

나진 · 선봉지역은 신의주, 개성, 금강산 등과 더불어 북한 경제특구 중의 하나로 1991년 12월 북한이 자유경제무역지대로 지정했으며, 북한 경제 특구의 효시라고 볼 수 있다. 중국은 2008년 라진항 부두 사용권을 북한으로부터 확보했다. 그리고 두만강유역 경제 벨트인 '창지투(창춘－지린－투먼)개방 선도구를 건설하고 훈춘 라진을 연결고리로 삼아 라선 특구도 북한과 공동개발, 이 일대를 국제적인 물류 거점으로 삼겠다는 구상이다.

사회주의 시장경제를 도입해서 경제대국으로 성공한 중국이 북한에 투자를 한다는 그 자체를 부정적으로 볼 수만은 없다. 비록 북한의 경제특구형식이 모기장식 개방의 전형이지만 이런 과정을 통해서 북한경제의 선순환적인 구조가 형성되어 북한의 개혁개방을 간접적이나마 견인할 수 있다는 점에서 긍정적으로도 볼 수도 있다. 그러나 언제까지 이렇게 낙관적일 수만은 없다는 생각이 든다.

중국의 입장에서는 한반도의 정세가 자기 쪽으로 훈풍이 불고 있다는 기분을 느낄 것이다.

첫째, 황금평 개발에 투자를 함으로써 향후 북한의 급변사태 시에 북한 영토에 합법적으로 발을 디딜 수 있는 교두보를 확보했다고 볼 수 있다. 전략적으로 중국의 동진정책에 획을 긋는 계기가 된 것이다. 북한 김정일의 입장에서는 가산을 탕진한 결과로 자기 아버지 김일성에게 물려받은 제사답(?)마저 팔아먹은 꼴이 되어 버렸다.

한편 중국이 북한의 나진항 사용권을 확보함으로써 향후 중국의 해군력이 동해로 진출할 수 있는 호기가 되었다. 중국이나 러시아 같은 대륙세력의 동진정책에서 가장 큰 장애는 해상을 장악할 수가 없는 것이다. 두 나라가 과거 일본에게 패한 것도 해상 장악력이 약했기 때문다. 그들이 호시탐탐 노리고 있었던 해상 교두보를 이번 기회에 확보한 셈이다.

앞으로 우리 동해상에서 중국의 군함이 활개치고 다닐 것을 상상하면 심각하고 끔찍하다. 경제투자라는 명분하에 북한이 중국의 경제 속국, 군사 속국이 되는 것을 방지하고 한반도가 4강의 각축장이 되지 않도록 4강 외교, 대북정책에 가일층 힘과 지혜를 모아야 할 때이다.

인연의 합

1994년 7월, 김일성의 급작스런 사망 소식을 듣고 놀라고 불안했다. 역사적인 남북정상회담을 지척에 두고 일어났으니 기운이 빠지고 기가 차다. 제1차 핵 위기를 겨우 넘기고 남북관계의 힘찬 활로가 전개될 터인데 허탈하고 억울한 일이다. 그러나 어쩌겠는가. 만날 인연이 아니었던가.

가정만큼 어리석은 계산법은 없지만 이 문제를 대입해보면 각각의 유추가 더 흥미로워진다. 만물의 근원엔 서로가 끌어당기는 합의 기운이 있는가 보다. 그 기운이 좋을 수도 있고 나쁠 수도 있다. 좋은 인연이라면 언제 어디서에라도 만나게 되고 악연이라면 불행과 비극을 자초하게 되는가 보다. 차라리 만나지 않았더라면 하는 후회막심한 악연의 예를 우리 주위에서 가끔 보게 된다.

분단의 역사를 통해서 남북한 사이에 크고 작은 무수한 만남의 인연이 이루어졌었다. 대부분 사건들은 역사의 기록 속으로 사라져 버렸지만 몇몇 대사건들은 우리들의 기억에 생생하게 전해온다.

대표적인 것이 남북한 정상들의 조우다. 밀사나 특사를 통해서 조우한 간접적인 과정을 거쳐 정상 간의 만남이 이루어졌었다. 남북 간 만남의 단초를 연 박정희시대의 밀사 회담에서 김일성의 파트너는 박정희라는 것은 역사적 필연이었다. 그런데 둘 사이의 관계는 직접 만날 수 없는 운명적인 관계라는 생각이 들기도 한다. 박정희 대통령이 갑자기 그렇게 서거하지 않았더라면 분명히 김일성과의 정상회담이 이루어졌을 거라고 생각된다. YS 역시 참으로 억울했지만 운명적이라 생각하고 공과를 뒤로 미룰 수밖에 없었다.

김대중 시절에 남북정상회담이 이루어졌다. 그동안 남북한이 시공중이었던 정상회담의 대로를 김대중 정부에서 완공한 셈이 된다. 김정일에겐 이 기회가 체제 기반의 호기가 되었다. 그 기운이 노무현 정부에까지 연결될 수가 있었다.

이명박 정부가 들어서서 남북관계가 경색되고 있는 요인도 정책의 문제보다 남북한 파트너의 부재에서 찾을 수 있다. 북한의 김정일에게 있어서 현 정부가 구미에 맞지 않은 측면도 있겠지만 무엇보다도 '합운' 이 맞지 않기 때문이 크다고 본다.

이명박 정부의 입장에서는 북한의 김정일 체제는 중동의 독재자들이나 조폭 수준이라는 선입관을 가지고 있어 대북관계를 물리적인 힘으로 충분히 제어할 수 있을 것이라고 보았다. 김정일에게는 이명박 정부가 상당히 버거운 존재이며 남북관계의 경색이 오래 지속된 여파로 기대가 불신, 몽니로 변해 가고 있다. 게다가 김정일의 와병, 그로 인한 성급한 후계체제 구축으로 파트너십이 이루어질 수가 없었고, 앞으로도 이런 상태는 이명박 정부 임기까지 계속될 것이다.

이제 진보든 보수든 현 정부의 대북정책을 너무 비판적인 시각에서 보지 말자. 남북관계는 분단 상황의 끝없는 평행선에서 통일이라는 한 개의 접점을 찾아가는 과정이라고 보기 때문에 긴 안목과 인내를 가지고 다음 정부에게 해결의 기회를 주는 것이 역사적 순리라고 생각된다. 최선책이 못 되면 차선책으로 현상 유지라도 하는 안정적인 남북관계가 된다면 절반의 성공이라고 국민들은 만족하고 다음 정부에 기대를 걸 것이다.

앞으로 대한민국의 통일정책을 더욱더 다지고 다듬어 대북정책에 유연성을 발휘하여 남북관계의 발전적 개선, 나아가 바른 통일의 교두보를 확보하자. 이러기 위해서는 무엇보다도 내치를 더욱 튼튼히 다져 국민이 믿고 사랑하는 정부를 만들어 국론을 통합시키고 대외적으로 스마트한 외교정책을 통해서 대한민국의 입지를 강고히 해야 한다고 본다.

유상지원에 대한 희망

2000년 6 · 15 선언 이후 2007년까지 연간 40만 톤 정도의 식량과 비료 등이 유 · 무상의 형식으로 북측에 지원되었다. 비료는 무상지원이었고, 식량은 유 · 무상으로 지원되었다. 유상지원은 차관 형식으로 지원되었고 10년 거치 20년 상환 방식이었다.

이러한 과정의 하나로, 필자는 2007년 9월 13~24일까지 대북 쌀 차관 인도요원으로 함흥시 흥남구역에 체류한 적이 있다.

외국산(태국) 쌀 6,500톤과 빈 포대 4,875매를 5,900톤급 화물선에 싣고 부산항을 출발해서 장장 26시간이 걸린 긴 항해 끝에 흥남항 근처 북측 묘박지(수로안내지역pilot station)에서 위생검역 2명, 도선사 2명, 국경통행검사 2명이 승선하여 통신장비, 휴대폰, 카메라 등을 봉인 · 보관 후 흥남항으로 입항했다.

남북 측 인 · 수도 단장 간에 쌀 차관 지원에 대한 위임장을 교환, 인수증을 받는 행사를 마지막으로 인도 작업이 끝났다. 이후부터는 쌀 하역작업이 끝날 때까지 수시로 하역작업을 둘러보거나 북측의 공식 · 비공식 일정에 따라 행동하면 된다.

정상적으로 하역 작업을 하면 3, 4일 정도면 끝낼 수가 있는데, 체류 일정이 10일 이상 걸린 것은 날씨 때문이었다. 당시 태풍 영향권으로 함흥 일대는 물론 북한 전역이 매일이다시피 날씨가 흐리고 비가 내렸다.

우리 측 화물선의 화물칸 덮개가 수동식이어서 한번 개폐 시에 1시간 이상의 시간이 소요되므로 날씨가 완전히 개인 상태가 아니면 하역작업을 할 수가 없었다. 체류 기간 중에 두세 번의 정해진 공식 일정이 끝나고 나면, 나머지 시간들은 숙소인 마전휴양소 독립가옥에서 흐린 하늘이 개기만을 학수고대하면서 대기하는 시간을 보내야 했다. 북측의 세심한 보호와 보이지 않는 감시를 받아가면서 보낸 시간은 숨이 턱턱 막히는 지루함과 고독감의 연속이었다. 어렵사리 하역작업이 끝났다.

추석 하루 전날 출발을 하려고 흥남부두에서 대기하고 있는데, 선상에서 북측 요원들이 쓰레기통까지 샅샅이 뒤지는 것을 보고, 어쩌면 자기들이 숨을 곳을 찾고 있는지도 모른다는 생각에 문득 애증이 교차되는 기분이었다.

대북지원에 있어서 분배 투명성의 강조는 당연하다. 특히 북한이탈주민을 상대로 한 여론조사에서 대북식량지원의 수혜를 본 경우가 극히 드물다는 것, 날이 갈수록 북한이탈주민의 수가 증가한다는 것은 지원된 물자들이 제대로 분배가 되지 않고 잘못된 용도로 악용되고 있다는 것을 증명한다.

우리 측이나 세계 각처에서 지원된 물자에 대한 분배의 투명성을 요구해도 당당하게 응하지 못하는 것을 보면 체제유지에 대한 불안정성, 대외적 신뢰도의 추락, 북한 주민들의 인권상황과 기아 상태가 심각하다는 것을 예측할 수 있다.

그런데 문제는 무상으로 지원한 물자에 대해서는 분배의 투명성을 요구할 수 있지만, 차관형식의 유상지원은 거래의 성격상 분배의 투명성을 요구하기에는 애매할 수밖에 없다는 점이다. 여기에 유상지원의 한계와 함정(?)이 있는 것 같다. 물론 차관형식의 유상지원 형식은 저들의 자존심의 문제도 배려하고, 인도적 차원임을 고려한 유상형식의 무상지원의 성격이 강하다는 것은 알고 있다. 그러나 당시 인도요원으로 현장에 참여한 입장에서 인도과정에서 각종 검사에서 보여준 엄격함, 깐깐함과 당당함이 도저히 공짜로 얻어먹겠다는 태도가 아니었다는 점이다.

우리 측 역시 태국 현지에서 여러 단계로 품질 확인 및 중량 검사 등을 철저히 하였으며, 수송 중에도 통풍 환기 등 관리를 완벽히 하였음을 설명하였다.

내년부터 대북식량지원 첫 상환기한이 도래하는 줄 알고 있다. 10년 전 우리가 뿌려준 통일의 씨앗들이 통일의 밥상이 되어 한반도에 평화와 경제공동체의 기틀을 다지는 계기가 될 것이라고 기대해 본다. 내년은 우리에게, 한반도에, 나아가 동북아의 운명이 좌우되는 중요한 한 해가 될 것이라 여겨 긴장된다. 좀 더 새롭고 선진화된 패러다임을 마련하여 준비를 철저히 한 후 소통과 통합의 지혜를 모아 나가야 할 것이다.

함흥본궁과 반송

대북 쌀 차관 인도요원으로 가서 함흥 체류기간(2007. 9) 중에 함흥 시내를 둘러볼 기회가 있었다. 북측은 이것을 참관사업이라고 했다. 우리 인도요원들을 위해 북측이 마련한 공식 일정 중에 하나다. 우리 요원들은 북측에서 제공한 차량 두 대에 2명씩 나누어 탔다. 나는 서준영 씨와 같이 2호차에 탑승했다. 우리 차엔 황 부단장이 앞에 타고 안내했다. 20년쯤 된 중고 벤츠 승용차다. 차 안에는 유황 냄새가 났다.

포플러 나무가 양쪽으로 늘어선 도로를 따라 한 20분 가량 달리니 옛 공업도시다운 면모를 갖춘 함흥시내의 모습을 볼 수 있었다. 퇴색했지만, 시가지가 대체적으로 정비되어 있는 편이었고, 사람들의 왕래도 빈번함을 볼 수가 있었다. 간간이 매대가 설치되어 물건을 거래하는 모습을 볼 수 있었다. 옷차림이나 모습들은 초라하고 궁색해 보였지만, 움직임은 분주했다.

우리 일행들이 제일 먼저 간 곳은 함흥본궁(북한 지정문화재 107호)이었다. 함흥시 사포구역 소나무동에 소재하고 있는 이곳은 태조 이성계의 4대 조상과 이성계의 위패를 모신 곳이다. 이성계가 상왕 시절에 이곳에서 지냈다고 하는데, 함흥차사의 배경지가 되고 있는 곳이다. 태종 이방원이 보낸 사신들이 이성계를 알현하고 나면 함흥 성천강을 건너기 전에 이성계의 활에 불귀의 객이 되었다고 해서 함흥차사라는 유래가 생긴 곳이다.

한복을 입은 여성 안내원이 미리 와서 기다리고 있다가 우리 일행들을 친절하게 맞는다. 함흥본궁은 대체적으로 잘 보존 관리되고 있었다. 지붕의 용머리기와는 아예 시멘트로 발라 놓았다. 바람의 피해를 막기 위해서인 것 같다.

누각의 단청은 보존 상태가 잘되어 있었고, 본당 안에 이성계의 위패 앞에서 우리들은 정중하게 참배를 했다. 단장은 전주이씨 종헌이라고 각별히 관심을 보이며, 큰절을 하면서 예를 갖추었고, 우리들 역시 그 자리에서 목례로 예를 표했다. 위패엔 '태조고황제위패' 라고 먹글씨로 쓰여 있었다. 특히 황제라는 표현이 특이했다. 단장이 모금함에 5달러를 넣는다. 본궁 앞뜰에는 소나무가 한 그루 누운 채 자라고 있었다. 함흥 반송이라고 하는데 수명은 400여 년 정도 되었다고 한다. 그 누운 모습이 처음에는 특이하고 신기하게 보였다.

어른 키 두 배 정도의 높이에서 소나무의 주 등걸이 휘어져 내려 땅을 뒤덮고 있었다. 바닥에 바짝 엎드린 형상이 괴이하게 느껴졌다. 김일성 주석이 이 소나무를 특별하게 관리하라고 지시를 내렸다고 한다. 왜 하필이면 이 소나무는 하늘을 향해 기개를 펴지 못하고 땅바닥에 바짝 엎드려 살아야만 하는 운명을 타고났을까. 이념적으로 해석하기는 좀 뭐하지만, 이 소나무는 북한 사회주의의 주체인 김일성에게 완전히 복종한 소나무란 말인가.

김일성이 이런 모습을 보면서 얼마나 카타르시스를 느꼈을까. 자기를 향해 엎드린 소나무, 주체 앞에서 굴복해버린 소나무의 기상과 절개, 처음엔 신기하다고 생각했지만 볼수록 정말 괴상한 형상의 소나무였다.

여성 안내원은 이 소나무를 김일성 주석이 특별히 관리하라는 명을 내려 주셨다며, 선전하기에 정신이 없었다. 맞춤식 체제 유지에 정형화된 북한의 현실에 안타까움이 더해진다. 대북 쌀 차관 상환기한이 도래하는 시점에서, 어떤 형태이든 상호주의의 입장 견지가 더욱 요구되는 것 같다.

대북 쌀차관 인도요원 참가 체험기

마전 관광휴양소

7시 기상, 창밖엔 비가 내리고 있었다. 창밖은 온통 검은 바다와 무섭기까지 한 파도 소리뿐이다. 간밤에 비가 많이 온 모양이다. 태풍 영향권인 남포, 해주, 사리원 일대엔 비가 300mm 이상 왔다고 한다. 또다시 수해다. 엎친 데 덮친 격이다. 함흥엔 그렇게 심한 비가 오지 않은 모양이다. 오늘도 하적이 안 될 것 같다. 우리 배는 하늘이 확실하게 맑아야 하적작업을 개시한다. 배의 화물창의 덮개가 수동식이라 개폐시간이 두 시간 이상 소요된다고 한다. 작업하다 비가 오면 속수무책이다. 특히 쌀 같은 경우는 더 큰일이다. 앞으로 이런 문제점도 고려를 해야겠다.

자동개폐시설은 20분 정도밖에 안 걸린다고 한다. 하루 하적을 못하면 체류가 하루 더 늦어진다. 정상적인 일정이면 함흥 체류 3일차인 오늘(9/17) 하적을 마쳐야 한다. 그래도 하루 정도 지연은 괜찮다 싶어 스스로 마음을 여유롭게 가져본다.

우리가 머무는 가옥(12호)의 구조를 살펴보자. 우선 보기에 외양은 번듯했다. 독립가옥을 우리 일행이 전부 사용했다, 일층은 방이 한 개이고 옆엔 휴게실과 식당(주방이 달린)이 있고, 2층엔 방이 두 개인데, 단장과 내가 각각 사용했다. 방마다 냉장고, TV, 욕실 다 갖추고 있었지만, 욕실엔 물이 나오지 않았다. 오후가 되면 두 명의 여성이 와서 욕조에 물을 채워주었다. 전기 사정이 안 좋으니까, 지하수 개발이 안되는 모양이다. 방 안은 보일러 시설이 안 되어 있어 습기가 차서 퀴퀴하고 신내가 났다. 변기는 수세식으로 되어 있었지만, 용무를 보고 나면 반드시 변기 뒤를 열어 물을 채워서 손으로 작동을 시켜야만 했다. 식당엔 우리 일행을 위해서 주방장, 조리사, 그리고 여성 접대원 두 명이 항상 고정 배치가 되어 있었다. 식량과 부식도 매일 일정한 양을 보급받는 것 같았다. 아침엔 후식으로 커피가 나왔고, 점심, 저녁엔 술이 반주로 항상 따랐다. 음식은 정성스럽게 장만한다고 했으나 입맛이 맞지 않아 도리어 미안한 생각이 들었다. 우선 전기 사정이 안 좋으니까 냉장, 냉동 보관이 어렵다. 상하지 않도록 기름에 튀기니 특유의 냄새가 나서 정말 입에 맞지 않았다.

저녁에 북측 단장, 부단장을 초청하여 휴양소 상점에서 간단한 술자리를 마련했다. 부단장은 눈매는 좀 강한 편이었으나 호남형이고 성격도 시원시원하고 마음 쓰는 것이 착하고 배려하는 모습이 역력하다. 한마디로 매력적인 북한 남성이다. 단장은 키가 작고 가무잡잡했고 수더분하게 생겨서 만만해보인다. 그는 자주 부단장의 눈치를 보는 것 같았다. 우리는 기분 좋게 하나가 되어, 들쭉술 잔이 돌아가고, 백로술 잔이 돌아가고, 모두 신이 나 어깨동무하고 우리 옛 노래를 같이 불렀다, 찔레꽃, 나그네 설움, 황성 옛터 등. 북측은 이런 노래들을 계몽가요라고 하면서 장려했다. 북측 여성 접대원들은 귀에 익은 북한 노래를 부르며 흥을 더해 준다. 그녀들이 부른 노래 중에 "심장에 남는 사람"은 북한의 인기 드라마 주제가라고 하는데, 가사와 곡이 우리가 들어도 전혀 거부감이 느껴지지 않아 좋았다.

그들은 우리의 조선기술에 대해서 관심이 많았고 특히 에너지 문제에 큰 관심을 보였다. 내가 에너지 관련 사업을 한다고 하니까 특별한 관심을 가지고 대우를 해 주었다. 특히 철도가 개설된 것을 기정사실화하고 있는 것 같았다. 12월에 있을 우리의 대선에도 큰 관심을 가지고 묻곤 했는데 그때 가봐야 안다고 대답했다. 그들은 남측 대선의 향방이 그들의 체제 존립에 큰 영향력을 미칠 것이라고 생각하고 있는 것 같았다. 남측 의존도가 날로 심화되고 있는 것을 느낄 수 있었다. 비이성적 에너지 핵무기를 아무리 많이 보유한들 무슨 소용이 있을까. 정말 이성적 에너지이며 평화 에너지인 산업 에너지야말로 가장 중요한 경제력이고 국력이라는 것을 다시 한번 실감하게 된다.

TV와 정전

체류 7일째(9/21), 계속 오는 비 때문에 하역이 중단된 채 있다. 6천 오백 톤 중에 3천 4백 톤이 배에 남아 있다. 정상적인 일정이면 그제께 귀환해야 한다. 비 때문에 계속 숙소에서 죽치고 있는 것이다. 하늘은 여전히 굳게 닫혀 있다. 지긋지긋하고 무섭고 숨이 막힐 것만 같다. 제발 푸른 하늘 한 토막이라도 보았으면. 하늘이 열리면 언제라도 하역은 시작될 것이다. 다시 정전이다, 간밤에 정전이 몇 번 되었다. 비가 오니까 더욱 정전이 잦다. 한마디로 정전이 일상화되고 있다. TV도 고장이 났다. 정전으로 인한 간단한 고장일텐데 기술자가 와서 고치면 될 것을, 또 그 무거운 TV를 2층까지 힘들게 가져와서 바꾸어줄 것이다. 말하기가 미안해서 그냥 두었다. 그들은 우리가 북측 방송을 즐기는 줄 아는지 은근히 좋아하는 모양이다. 착각이야 자유겠지만 혹시나 선전 효과를 노리고 있는 것은 아닌지 동상이몽이다. TV엔 북한 선동가요가 자막을 띄우며 나오는데, 온통 김일성 부자와 체제를 찬양하는 노래다. 우리가 유일하게 보는 프로그램은 날씨예보다. 우리 일행들은 그 시간을 손꼽아 기다린다. 오후 8시(20시) 뉴스(북측은 보도라고 함) 마치면 8시 30분에 날씨를 보도한다. 우리는 TV 앞에 모여 앉는다. 월드컵 축구 중계가 이토록 관심적이고 열광적일까. 우리에겐 날씨 보도가 희망줄이다.

솔직히 식사시간이 괴롭고 미안하다. 밥이나 반찬을 남기면 "선생님, 왜 그러십니까. 저희들 정성이 부족합네까? 많이 많이 드십시요." 하면서 안타까움과 서운함이 뒤섞인 듯 일일이 챙기는 것이다. 다음부터는 밥과 반찬을 반으로 줄여 달라고 부탁했다. 그러면 또 서운해 한다. 아니라고, 음식을 남기는 것이 아까워서 그런다고 해명(?)을 했다. 정말 그들의 정성만은 알아줘야겠다. 저쪽 입장에서는 정성스럽게 음식을 장만해서 주는데 제대로 먹지 않으니 서운해 할 만하다.

주방장이라는 사람은 자기가 임꺽정의 후손이라는데(나중에 아닌 것을 실토함), 뽀빠이 같은 근육의 알통을 자랑하면서, 우리가 건네는 소주잔은 가소롭다는 듯이 제치면서 밥사발에다 철철 넘치도록 부어 마시는 사람이었다. 그는 우리 일행들이 어떤 반찬을 잘 먹는다, 밥을 남겼다, 반찬을 남겼다 하면서 일일이 지적(?)을 한다. 좀 부담스러웠다. 한번은 주방장이 우리 일행을 위해서 특별히 북측의 명물인 단고기(보신탕) 요리를 준비했는데 나와 서준영(노동부 근무)이 먹지 않으니까 못내 서운해 하면서 은근히 눈총을 주곤 하였다.

저녁을 먹고 방으로 들어오니 TV가 켜져 있다. 미안해서 말도 안 했는데 다시 바꾸어 놓은 모양이다. TV에서는 김일성의 60년대, 70년대 기록영상들을 보여주고 있었다,

국내에서는 보기 드문 진기한 북한 자료이다. 그들의 대중 선동술이 대단하다는 것을 느낄 수 있다. 북한 인민들에게는 지금도 살아 있는 신적 존재인 것 같다. 곳곳엔 주체의 흔적들, 김일성의 흔적들이 살아 있고, 아직도 북한체제의 주역으로 존재하는 것 같다.

남측 같으면 우리 대통령이나 특정한 지도자에 대해서 조금이라도

특별하게 보도했다면 편파 보도한다고 난리가 났을텐데 그래도 아무런 저항과 동요도 없다. 참으로 이해하기 힘든 특이한 곳이다. TV 방향을 돌린다고 손을 대니까 다시 꺼져 버렸다. 비가 오니 다시 부를 수도 없고 차라리 안 보는 것이 마음 편할 것 같다. 체제 선전을 하려고 해도 경제력이 있어야 되겠구나 생각하면서 혼자 웃었다.

떠나오면서

검은 하늘이 완전히 열렸다. 드디어, 오늘 출발이다. 붉은 태양은 너무나 장엄하다.

마지막 아침식사를 하고 나니 단장, 부단장이 내려서 우리에게 반갑게 인사를 한다. 여성 봉사원들, 남성 봉사원들이 모두 나와 잘 가라고 인사를 한다. 인정이란 모든 것을 초월하는가. 순간, 눈시울이 시큰해진다. 흥남부두에 도착해 마지막 작별 인사를 하고 배에 올랐다. 배가 떠날 때까지 두 사람은 우리를 향해 손을 흔든다.

이제 우리 배엔 북측 도선사(그들은 수로안내원) 일행과 검역소 일행 둘만 타고 있다. 그들은 우리 배를 북측 묘막지(수로 안내지점)까지 안내해 주기 위해서다. 흥남항의 검은 모습들이 서서히 멀어져가고 안내선 한 척이 기를 쓰고 우리 배를 따르고 있다.

다시, 묘박지에서

어느 곳인들 그들이 숨을 곳은 없다. 통일이 되지 않으면

악마의 망토처럼 보였던 검은 하늘이 완전히 열렸다. 개벽처럼 느껴지는 아침이다. 드디어, 오늘 출발하면, 내일(9월 24일) 집에 도착이다. 동해의 수평선, 흰 안개 사이로 이글거리며 떠오르는 붉은 태양은 너무나 장엄하다. 마지막 아침식사, 떠나보내는 것을 아쉬워하면서도 무사히 떠남에 축하의 인사를 잊지 않는다. 통일되면 만나자던 그들의 인사말이 정말 진정으로 들린다. 오늘따라 음식도 신선해 보인다. 사람 마음이란 간사하다. 오랜만에 밥을 한 그릇 비우고, 반찬도 비웠다. 식사를 하고 짐을 입구에 내려놓았다. 숙소 청소하는 아주머니 둘이 인사를 한다. 고마움을 표시했다. 청소와 욕조에 물을 매일 채우느라고 고생했다.

오전 9시 반경, 차가 왔다. 단장, 부단장이 내려서 반갑게 인사를 한다. 약속을 지켰다는 자부심이 역력한 표정이다. 어제 그들은 남은 3,400톤의 쌀을 오늘(9월 23일) 오전 9시까지 하역을 마치고, 오늘 10에는 출발할 수 있도록 하겠다고 약속을 했었다. 우리 일행을 태운 차가 떠난다. 여성 봉사원들, 남성 봉사원들이 모두 나와 잘 가라고 인사를 한다. 인정이란 모든 것을 초월하는가. 순간, 눈시울이 시큰해진다.

흥남부두에 도착하니 한창 마무리 작업 중이었다. 밤새도록 작업을 했다고 한다. 간밤에 인원은 두 배 이상 투입했고, 작업 중에 기중기 한 대가 고장이 나서 한 시간 정도 지연이 되었다고 한다. 돌발 사고가 있었다. 북측 근로자들이 작업에 사용한 (어떤 용도였는지 알 수 없음) 대창이 그물에 실려 옮겨지다 왈칵 쏟아지는 바람에 밑에 있는 근로자들이 당할 뻔했다. 다행히 모두 몸을 피했는데, 한 명이 다리에 맞은 모양이다. 아찔했다. 대형 인명사고가 날 뻔했다. 다행이다. 다친 근로자는 급히 후송되었다.

오전 11시경, 작업이 완전히 끝났고 배는 출항할 준비를 하고 있다. 12시경 출항. 우리 일행들은 단장, 부단장과 마지막 작별 인사를 하고 배에 올랐다. 배가 떠날 때까지 두 사람은 우리를 향해 손을 흔들고 있다. 뱃고동이 울리고 배가 서서히 움직이기 시작하면서 한 바퀴 돌더니 뱃머리가 남쪽으로 향한다. 이제 우리 배엔 북측 도선사(그들은 수로안내원) 일행과 검역소 일행 둘만 타고 있다. 그들은 우리 배를 북측 묘막지(수로 안내지점)까지 안내해주기 위해서다.

흥남항의 검은 모습이 서서히 멀어져가고 안내선 한 척이 우리 배 뒤에서 숨 가쁘게 따라오고 있다. 배 안 식당에서 북측 검역소 직원 둘이 열심히 캔 맥주를 마시고 있다. 식탁 위엔 그들이 깐 맥주들이 흩어져 있다. 그들은 주기에 약간 충혈된 눈으로 인사를 이젠 끝났으니, 말씀도 마음대로 해도 된다고 했다. 긴장을 풀라는 배려다. 무슨 긴장, 긴장을 하고 있는 쪽은 당신들인데.

김이라는 친구는 자기는 자강도 출신이라고 하면서, 자기 조상들이 정부가 하는 일에 비판을 해서 유배되었다며 자기는 저항의 후손이라면서 묻지도 않는 얘기까지 한다. 김은 앞전에 배 안을 샅샅이 뒤지던 친구다. 북측 근로자들이 작업을 끝내고 배에서 내리고 나서 일일이 인원 확인을 하고 심지어 쓰레기통까지 뒤지던 친구다.

이라는 사람은 비디오를 켜고 일본 사무라이 영화에 심취해 있다. 그들은 나의 남측에서의 수입이 얼만지 묻고, 그들과는 비교가 안 되는 나의 수입에 놀라면서, 남측의 대부분 사람들이 많은 수입에도 저축이 안 된다는 나의 말에 김씨는 이해가 안 된다는 표정을 지었고, 이씨는 남측엔 물가가 비싸서 그렇다고 하면서 우리 체제에 대해서 잘 알고 있다는 투로 말한다. 나의 느낌으론 그들의 마음은 이미 남측을 향하고 있는 것 같다. 같이 가자고 손을 내밀면, 당장 따라올 것만 같은 허물어진 표정이다. 출발하기 전에 우리 배의 곳곳을 점검한 것은 어쩌면 자기들이 숨을 곳을 찾고 있었는지도 모른다는 생각이 든다. 어느 곳인들 당신들이 숨을 곳이 있겠는가. 통일이 되지 않으면 북한 인민은 이젠 힘이 약해서 저항할 수 없고 대부분 엘리트 계층은 알면서도 체제에 순응하지 않을 수 없다.

지금 북측엔 저항할 수 없는 뭔가 보이지 않는 무거운 것이 꽉 누르고 있다. 묘박지에 도착했다. 수로안내원 일행과 검역소 일행이 작별인사를 하고 배의 밧줄 사다리를 타고 내려간다. 안내선을 타고 그들은 돌아가고 있다. 계속, 보이지 않을 때까지 손을 흔들면서 이제 우리의 귀환선은 본격적으로 남쪽을 향해 힘차게 물살을 헤치고 있었다.

백령도에 가면 천안함이 보인다

백령도는 단순한 섬이 아니었다. 인천 연안부두에서 쾌속선으로 4시간 넘게 숨이 차게 달려가도 망망대해 점 하나 찍어놓은 것 같은 서해의 최북단 섬. 상주 인구가 민간인이 4천여 명, 군인 5천여 명으로 민간인 군인이 서로 상생하며 살아가는 보기에는 아름다운 섬이다.

우리나라에서 최고로 정예화된 귀신 잡는 해병여단이 웅지를 틀고 있으며, 수원이 좋고 바다를 간척해서 농토를 확보하여 일 년 농사를 지으면 3, 4년은 거뜬히 자급자족할 수 있다는 것 자체가 예사롭지 않은 섬이다. 섬이 아닌 하나의 작은 국가같이 느껴진다. 지구온난화로 해수면이 높아져 물에 잠기는 국가 아닌 국가보다는 훨씬 가치 있는 곳이 우리 일행이 간 백령도였다.

그동안 우리는 자의든 타의든 안보를 잊고 있었다. 한때는 안보라는 개념이 실종될 위기에 직면할 뻔했다. 좋게 해석하여 안보 자신감이라고 생각했는데 지난 천안함 피격사건은 우리의 해이해진 안보의식에 일대 경종을 울린 대사건이었다. 우리가 지금까지 생각했던 통일의식이나 안보의식이 안보 불감증이라는 것을 깨닫고 간담이 서늘해졌다. 안보 공동체가 담보되지 않는 통일은 냉전보다도 더 위험하다.

용트림 바위를 볼 수 있는 전망대에서 4km 떨어진 천안함 피격지점을 볼 수 있었다. 하늘은 맑고 바다는 고요했다. 그 고요한 바다가 우리들의 꽃처럼 아름다운 아들들을 품고 슬픔을 억누르고 있는 것 같다. 저 망망한 바다 위에서 일어난 사건은 비 오는 날 순간 켜졌다가 스러진 성냥불 한 점보다도 미미했을 것이다. 사악한 저들은 그걸 노렸을 것이다. 그 당시 저들이 도발한 흔적들을 캄캄한 바다 거센 파도가 순식간에 날름 집어삼켰을 것이다. 바다는 흔적을 남기지 않는다. 연평해전, 대청해전, 천안함 피격사건이 바다에서 일어났다.

전술적으로 저들은 바다를 이용했고 앞으로 계속 그러할 것이다. 저들이 아직까지 자기들의 짓이 아니라고 우겨 보는 것도 바다에서는 쉽게 증거를 찾기 힘들기 때문이다. 저들의 입장에서는 억지를 부릴 수 있는 시간을 벌 수 있다.

심지어 기적적으로 찾아낸 증거물을 보여 주어도 조작이라고 우긴다. 우리 측의 일부 몰지각한 인사들이나 정체불명의 단체들까지도 조작이라고 하면서 그들의 억지주장에 동조하고 있다. 참으로 위험하고 한심스러운 작태이다. 요즘같이 지구촌 전체가 감시체계이고 민주화

개방화 시대에 조작 행위는 국기를 흔들 만한 위험한 사건이다. 엄연히 살아남은 장병들이 있고 주위의 정황이 분명한데도 믿지 않으려고 하는 것은 그들의 의도된 전술이다. 특히 천안함 사건을 믿지 못하겠으니 재조사해 달라고 유엔에 진정서를 보낸 시민단체들은 어느 나라 국민인가. 부끄럽고 정신이 나가도 한참 나간 자들이다. 의심자들은 중국과 러시아를 얘기한다. 중국이나 러시아, 초록이 동색이다. 저들의 애매한 태도는 국가 간의 전략적 대응으로 해석하면 된다.

군사문제에 대해서 세세하게 국민이 알아야 될 필요가 있을까. 너무 아는 것이 도리어 병이 될 수도 있다. 온갖 인터넷, 휴대폰 매체들로 인해서 자의든 타의든 온갖 정보들이 흘러나간다. 우리가 예사롭게 한 말이나 행동이 유출되어 엄청난 국가적 손실을 입는 경우도 종종 발생한다. 얼마 전에 모 군부대를 방문한 일행들에게 믿고 견학시켜준 군대의 시설물들이 몰지각한 견학자의 휴대폰 촬영으로 인해 외부로 유포되어 그 시설물을 전부 교체하는 일이 벌어졌다고 한다. 정보의 발달로 인해 군사기밀이 쥐도 새도 모르게 유출되기 때문에 군의 고민은 심각할 것이다. 군사보안 역시 정보화시대에 우리 지도자들이나 군 당사자들의 책임의식과 마음가짐이 더욱 각별해야 할 것이다.

백령도에 갔다 와서 세 가지를 확실하게 느꼈다.

첫째는 백령도는 한 개의 섬이 아니라 또 하나의 대한민국이라는 것, 그곳엔 대한민국의 국민이 있고 대한민국을 지키는 튼튼한 3군의 국방력이 있다는 것이다. 백령도는 수원과 농토가 충분해서 모든 식량과 부식이 자급자족된다는 것, 그리고 관광자원이 아름답고 풍부한 것 등 다른 섬과 특별하게 비교된다. 둘째는 백령도에 가면 우리 대한민국의 안보가 얼마나 중요하다는 것을 실감할 수가 있다. 우리가 얼마나 군사적으로 중요한 위치를 선점하고 있다는 것을 느낄 수 있다. 마지막으로 백령도에 가면 한동안 말 많던 천안함에 대한 오해를 말끔히 씻어낼 수 있다. 용트림 바위를 볼 수 있는 전망대에 서면 억울하게 순직한 우리 장병들의 원혼의 소리를 들을 수 있고 볼 수 있다. 현지 주민들의 증언이나 병사들의 증언, 그리고 현장에서 본 실제적 진실이 조작의 망언을 말끔히 씻을 수 있다. 그래서 백령도에 가면 확실히 천안함을 볼 수 있다.

010

아버지의 새벽

이상근 산문집

1쇄 펴낸날 | 2013년 11월 22일

지은이 | 이 상 근
펴낸이 | 오 하 룡

펴낸곳 | 도서출판 경남
주　소 | 창원시 마산합포구 몽고정길 2-1
연락처 | (055)245-8818~9
홈페이지 | www.gnbook.com
전자메일 | gnbook@empas.com
출판등록 | 제567-1호(1985. 5. 6.)
편집팀 | 오태민 | 심경애 | 구도희

ISBN 978-89-7675-870-5-03810

*잘못된 책은 바꿔 드립니다.
*저자와 협의 인지 생략합니다.

〔값 15,000원〕